AF304763

PRIX DE PHOTOGRAPHIE ENVIRONNEMENTALE

FONDATION PRINCE ALBERT II DE MONACO

2023

ENVIRONMENTAL PHOTOGRAPHY AWARD

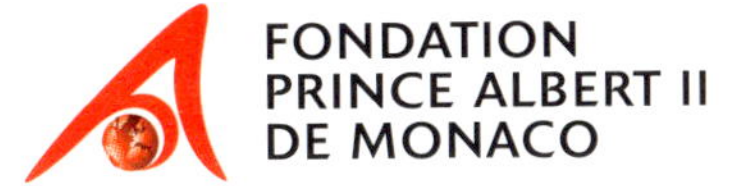

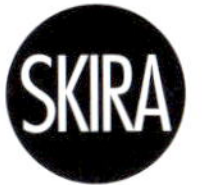

Cet ouvrage est publié à l'occasion de la 3ᵉ édition du Prix de Photographie
Environnementale de la Fondation Prince Albert II de Monaco.

*This book is published on the occasion of the 3ʳᵈ edition of the Environmental Photography
Award of the Prince Albert II of Monaco Foundation.*

L'édition 2023 du Prix de Photographie Environnementale, ainsi que l'exposition
à laquelle elle a donné lieu, ont bénéficié du soutien de :

*The 2023 edition of the Environmental Photography Award as well as the exhibition to
which it gave rise have been supported by:*

Remerciements

La Fondation Prince Albert II de Monaco remercie le jury du Prix de Photographie Environnementale 2023, composé de photographes professionnels internationaux et d'une rédactrice photo spécialisée, renommés pour leur travail et leur engagement en faveur de la protection de la nature : Javier Aznar, Esther Horvath, Britta Jaschinski, Alexa Keefe, Alex Mustard, Sergio Pitamitz et Ami Vitale.

La Fondation adresse également ses remerciements à Mike Betts et aux équipes de Photocrowd pour leur assistance dans la mise en œuvre du concours ainsi qu'aux photographes Ben McKechnie et Tesni Ward pour leur contribution.

Pour leur soutien renouvelé depuis la première édition du Prix, la Fondation Prince Albert II de Monaco exprime sa reconnaissance envers la Barclays Private Bank, en la personne de Gérald Mathieu, Directeur de la Banque Privée Europe et Moyen-Orient & CEO Barclays Monaco, et l'Université Internationale SEK, dirigée par le Dr Jorge Segovia, Président du Conseil Supérieur.

La Fondation remercie enfin toutes les autres personnes qui ont participé, d'une manière ou d'une autre, à la mise en oeuvre de l'exposition et au rayonnement du Prix de Photographie Environnementale.

Acknowledgements

The Prince Albert II of Monaco Foundation would like to thank the jury of the 2023 Environmental Photography Award, composed of international professional photographers and a specialised photo editor, renowned for their work and commitment to protecting nature: Javier Aznar, Esther Horvath, Britta Jaschinski, Alexa Keefe, Alex Mustard, Sergio Pitamitz and Ami Vitale.

The Foundation would also like to thank Mike Betts and the Photocrowd team for their assistance in implementing the contest and photographers Ben McKechnie and Tesni Ward for their contribution.

For their continued support since the first edition of the Award, the Prince Albert II of Monaco Foundation expresses its gratitude to Barclays Private Bank, in the person of Gérald Mathieu, Head of Private Bank Europe and Middle East & CEO Barclays Monaco, and to the SEK International University, led by Dr Jorge Segovia, Chairman of the Superior Council.

Finally, the Foundation would like to thank all the people who participated in one way or another in the realisation of the exhibition in Monaco and the promotion of the Environmental Photograhy Award.

66 Le Prix de Photographie Environnementale 2023 poursuit son ambition de porter la voix du monde vivant, dévoilant sa prodigieuse richesse, sa fragilité mais aussi sa puissance de résilience. Je ne peux que me réjouir de la forte participation de photographes du monde entier, professionnels ou amateurs. L'engagement et la passion de ces observateurs, qui ont choisi de sensibiliser le public à la protection de l'environnement et la préservation de la biodiversité, sont précieux. Leurs témoignages accompagnent notre regard sur le monde, nourrissent nos connaissances et tissent de nouveaux imaginaires inspirants où résonne l'appel à une action collective renforcée, pour sauver notre planète.

S.A.S. le Prince Albert II de Monaco

66 *The Environmental Photography Award 2023 continues its ambition to give voice to the living world, revealing its prodigious richness, its fragility but also its power of resilience. I can but rejoice at the strength of participation shown by both professional and amateur photographers from around the world. The commitment and passion of these observers, who have chosen to raise public awareness of the protection of the environment and the preservation of biodiversity, are precious. Their testimonies accompany our way of thinking our relationship with the world, nourish our knowledge, and weave new, inspiring imaginaries in which the call for a reinforced collective action to save our planet resounds.*

HSH Prince Albert II of Monaco

THE PRINCE ALBERT II OF MONACO FOUNDATION

Founded in 2006 by HSH Prince Albert II of Monaco, the Foundation is a global non-profit organisation committed to progressing planetary health for current and future generations by co-creating initiatives and supporting hundreds of projects across the world.

Operating in three main geographical regions – the Mediterranean Region, the polar regions and the least developed countries – the Prince Albert II of Monaco Foundation has already granted over 101 million euros to support more than 750 projects aimed at limiting the effects of climate change, promoting renewable energies, protecting the ocean, preserving marine and terrestrial biodiversity, managing water resources and fighting deforestation.

The Prince Albert II of Monaco Foundation's Environmental Photography Award was created in 2021, in honour of the Foundation's 15th anniversary, and aims to reward photographers whose creative purpose serves to raise awareness about the protection of the environment. Its exhibitions have already travelled to Italy, San Marino, Spain, the United States and France.

LA FONDATION PRINCE ALBERT II DE MONACO

Fondée en 2006 par S.A.S. le Prince Albert II de Monaco, la Fondation est une organisation internationale à but non lucratif, qui s'engage à faire progresser la santé planétaire pour les générations actuelles et futures en cocréant des initiatives et en soutenant des centaines de projets à travers le monde.

Œuvrant dans trois grandes régions géographiques – le bassin méditerranéen, les régions polaires et les pays les moins avancés – la Fondation Prince Albert II de Monaco a déjà accordé plus de 101 millions d'euros pour soutenir plus de 750 projets visant à limiter les effets du changement climatique, à promouvoir les énergies renouvelables, à protéger l'océan, à préserver la biodiversité marine et terrestre, à gérer les ressources en eau et à lutter contre la déforestation.

Le Prix de Photographie Environnementale de la Fondation Prince Albert II de Monaco a été créé en 2021, à l'occasion de son quinzième anniversaire, et récompense les photographes qui mettent leur créativité au service de la sensibilisation à la protection de l'environnement. Ses expositions ont déjà voyagé en Italie, à San Marin, en Espagne, aux États-Unis et en France.

The Living World in Perspective

The 2023 Environmental Photography Award of the Prince Albert II of Monaco Foundation pursues its commitment to the living world and reaffirms its desire to show the many facets of our planet: an incredible biodiversity to be protected, a fragile natural heritage to be defended, and forces of resilience to be nourished.

With nearly 10,000 images from photographers around the world, the Environmental Photography Award demonstrates a collective commitment to raise awareness about climate change, biodiversity loss and resource depletion. As many impacts on our environment that push us to act and find solutions, many of which are leading to encouraging victories.

Each photographer proposes a point of view, a story, a message. And each image arouses emotions of wonder, amazement or revolt. Let us hope that this dialogue, from the eye to the heart, will make people react and encourage mobilisation. One single common objective lies ahead: to preserve the living world.

Le vivant en perspective

Le Prix de Photographie Environnementale 2023 de la Fondation Prince Albert II de Monaco poursuit son engagement en faveur du vivant et réaffirme sa volonté de donner à voir les multiples facettes de notre planète : une incroyable biodiversité à protéger, un patrimoine naturel fragile à défendre, des forces de résilience à nourrir.

Avec près de 10 000 images provenant de photographes aux quatre coins du monde, le Prix de Photographie Environnementale témoigne d'un engagement collectif visant à sensibiliser le public aux enjeux du changement climatique, de la perte de biodiversité ou encore de l'épuisement des ressources. Autant d'impacts sur notre environnement qui nous poussent à agir et à trouver des solutions, donnant ainsi lieu à d'encourageantes victoires.

Chaque photographe propose un point de vue, une histoire, un message. Et chaque image suscite une émotion d'émerveillement, d'étonnement ou de révolte. En espérant que ce dialogue, de l'œil au cœur, fasse réagir et incite à la mobilisation. En perspective, un seul objectif commun : préserver le vivant.

66 Dans le panorama actuel de la photographie, il existe de nombreux concours photo consacrés à la nature, mais rares sont ceux qui s'engagent réellement en faveur de la préservation de l'environnement et du monde vivant. Le Prix de Photographie Environnementale, organisé par la Fondation Prince Albert II de Monaco, est l'un d'entre eux. La photographie est un puissant outil pour donner voix à la faune sauvage et à la biodiversité qui sont menacées. Grâce au Prix de Photographie Environnementale, les photographes se voient offrir l'opportunité de diffuser leurs images et, plus que tout, leurs messages de conservation.

Sergio Pitamitz, Président du jury

66 *In the panorama of world photography, there are many photo competitions dedicated to nature, but few of them are really committed to the preservation of the environment and the living world. The Environmental Photography Award competition, organised by the Prince Albert II of Monaco Foundation, is one of them. Photography is a most powerful tool to give a voice to endangered wildlife and biodiversity. Through the Environmental Photography Award, photographers are offered a way to spread their images and, above all, their messages for conservation.*

Sergio Pitamitz, President of the Jury

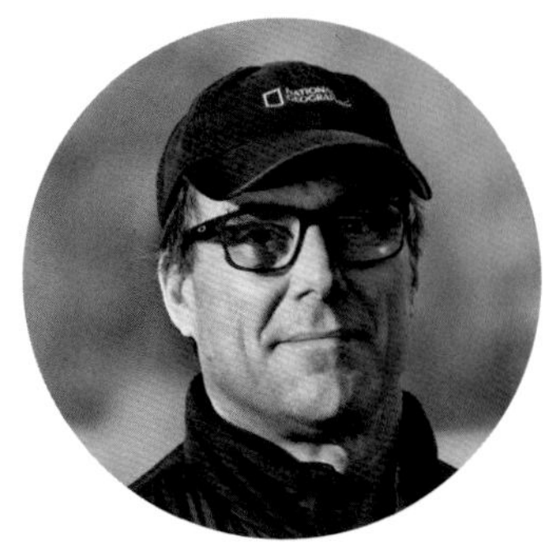

Sergio Pitamitz
France et Italie – *France and Italy*

Le photographe Sergio Pitamitz a été de nombreuses fois primé pour son travail sur la vie sauvage et la protection de la nature. Il est photographe National Geographic pour National Geographic Expeditions et National Geographic Image Collection ainsi que membre de la Ligue internationale des photographes de conservation (iLCP). En mission, il a voyagé dans plus de cent pays sur les sept continents. Il collabore au *National Geographic Magazine Italy* et ses images et récits sont parus dans de nombreuses autres publications, notamment *BBC Wildlife, Terre Sauvage, Paris Match,* le *New York Times,* le *Figaro Magazine* ainsi que les revues, livres et sites web de National Geographic. Ses photographies ont été récompensées dans des concours internationaux tels que Nature's Best, National Wildlife et Audubon. En 2016, il a remporté le prix « Best of Photojournalism » de la National Press Photography Association, dans la catégorie « Environnement ». Il est ambassadeur de la marque Swarovski Optik Outdoor.

Sergio Pitamitz is an award winning wildlife and conservation photographer. He is a National Geographic photographer for National Geographic Expeditions and National Geographic Image Collection as well as Fellow of the International League of Conservation Photographers. He has traveled to more than a hundred countries on assignment over all seven continents. He is a contributor to National Geographic Magazine Italy *and his images and stories have appeared in numerous other publications including* BBC Wildlife, Terre Sauvage, Paris Match, The New York Times, Figaro Magazine *and* National Geographic's *magazines, books and websites. His images have been awarded in international photo contests such as Nature's Best, National Wildlife and Audubon. He won the National Press Photography Association (NPPA) "Best of Photojournalism 2016 – Environmental Category" award. He is a Swarovski Optik Outdoor brand ambassador.*

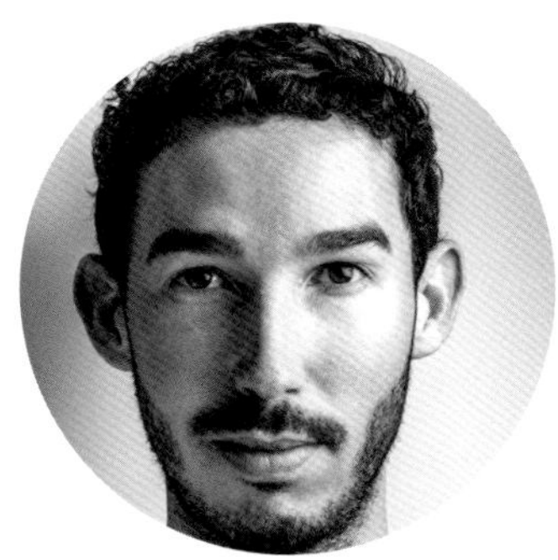

Javier Aznar
Espagne – *Spain*

Javier Aznar est un photographe professionnel dont le travail se concentre sur l'histoire naturelle, la conservation de la vie sauvage, et les liens que les hommes entretiennent avec elles. Ses photographies, nourries par sa formation en biologie, offrent un point de vue personnel sur la nature dans son état le plus sauvage et le plus fascinant. Javier est convaincu que le pouvoir de la photographie peut contribuer à préserver la planète ainsi que les animaux et les plantes qu'elle abrite. À travers ses images, il espère attirer l'attention du public sur le besoin urgent de protéger la vie sauvage. Javier est membre associé de la Ligue internationale des photographes de conservation (iLCP) et membre de The Photo Society. Il est également photographe National Geographic et son travail a été publié dans des magazines internationaux tels que *Ranger Rick, BBC Wildlife, Smithsonian Magazine* et *Geolino*, entre autres. Ses photographies ont reçu de multiples prix internationaux, dont celui du Portfolio pour Wildlife Photographer of the Year en 2018.

Javier Aznar is a professional photographer focused on natural history and wildlife conservation, and its relationship with humans. With his background in biology, his photographs aim to offer a personal point of view of nature at its wildest and most fascinating state. Javier believes the power of photography can be used to help conserve the planet and the animals and plants that live on it. Through his pictures he hopes to draw the public's attention to the pressing need to protect wildlife. Javier is an Associate Fellow at the International League of Conservation Photographers and member of The Photo Society. He is also a National Geographic photographer and his work has been published in international magazines such as Ranger Rick, BBC Wildlife, Smithsonian Magazine and Geolino among others. His photographs have received multiple international awards, including the Portfolio winner in Wildlife Photographer of the Year 2018.

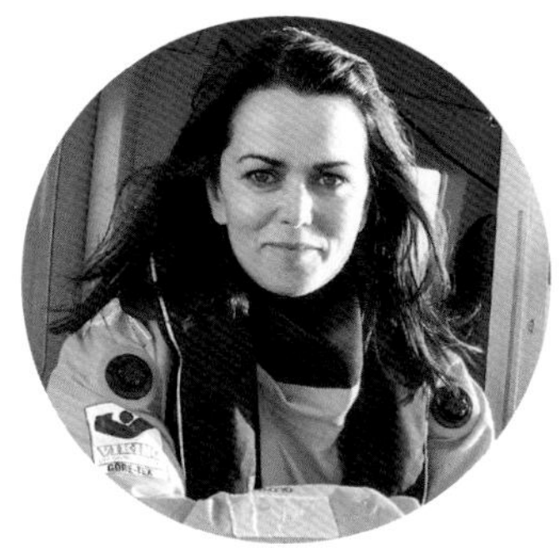

Esther Horvath
Hongrie – *Hungary*

Photographe National Geographic et photographe pour l'Institut Alfred-Wegener pour la recherche polaire et marine, Esther Horvath est spécialisée dans la recherche climatique dans les régions polaires. Depuis 2015, elle se consacre à la photographie en Arctique et en Antarctique, où elle a documenté dix-sept expéditions scientifiques, ainsi que le travail au quotidien des climatologues. En 2020, elle a notamment reçu le premier prix du World Press Photo Award dans la catégorie Environnement. En 2022, elle a été lauréate du prix Infinity du Centre international de la photographie de New York pour son travail de sensibilisation à la protection de la nature, à la justice environnementale et au changement climatique. Son reportage photographique sur MOSAiC, la plus grande expédition en océan Arctique, a été publié par Prestel Publishing en édition allemande, *Expedition Arktis*, et en édition anglaise, *Into the Arctic Ice*. Esther publie ses travaux dans le *National Geographic*, le *New York Times, GEO, Stern, TIME* et *Audubon Magazine*, entre autres. Elle est ambassadrice Nikon, membre de la Ligue internationale des photographes de conservation (iLCP) et membre de l'Explorers Club.

As a photographer for National Geographic as well as the Alfred Wegener Institute for Polar and Marine Research, Esther Horvath focuses on documenting climate research in the polar regions. Since 2015, she has dedicated herself to photography in the Arctic and Antarctic where she has covered seventeen scientific expeditions, and behind the scenes stories of climate science. In 2020 she was awarded first prize in the World Press Photo Award in the Environment single category. In 2022, she received the Infinity Award from the International Center of Photography in New York for her work raising awareness about conservation, environmental justice and climate change. Her photography about the largest Arctic Ocean expedition of our history, called MOSAiC, was published by Prestel Publishing under the title Expedition Arktis *(German edition) and* Into the Arctic Ice *(English edition). Esther publishes her work in* National Geographic, The New York Times, GEO, Stern, TIME, *and* Audubon Magazine, *among others. She is a Nikon Ambassador, Fellow of the International League of Conservation Photographers and a member of The Explorers Club.*

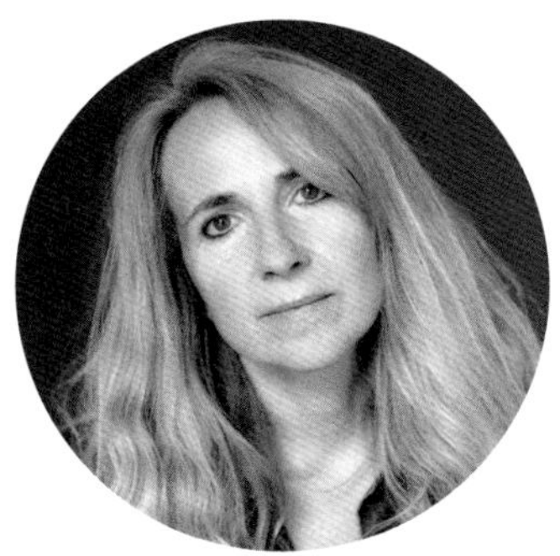

Britta Jaschinski

Royaume-Uni et Allemagne – *United Kingdom and Germany*

Connue pour son style unique, la photojournaliste Britta Jaschinski, spécialisée dans les crimes contre la nature, a remporté de nombreux prix internationaux. Elle travaille avec des gouvernements, des organisations environnementales, des associations caritatives et des ONG. Lorsqu'elle n'est pas en mission, elle participe à des jurys de concours photo internationaux ou intervient dans des festivals européens, dédiés à la photographie comme à l'environnement, pour parler du rôle du photographe dans la protection de la nature. Ses reportages d'investigation et ses spectacles multimédias sur le commerce des espèces sauvages sont bouleversants mais toujours inspirants. Les images de Britta sont publiées par *Geo, National Geographic, Stern, Spiegel, The Guardian, WWF Media, Süddeutsche Zeitung* et de nombreux autres magazines, journaux et livres. Ses photographies, très prisées, sont exposées dans le monde entier. Elle est co-créatrice de Photographers Against Wildlife Crime, un groupe international de photographes unis pour mettre un terme au commerce illégal des espèces sauvages, à travers une publication regroupant leurs images les plus emblématiques. Elle est ambassadrice de la marque Leica.

Known for her unique style of photojournalism specialised in crimes against nature, Britta Jaschinski has won numerous international awards. She works with governments, environmental organisations, charities and NGOs. When not on assignment, she can be found participating as jury member for international photo competitions or speaking at European photo or nature festivals, where she gives talks about conservation through photography. Her investigative images and multimedia shows about the wildlife trade are hard-hitting yet always inspiring. Britta's work is published by Geo, National Geographic, Stern, Spiegel, The Guardian, WWF Media, Süddeutsche Zeitung and numerous other magazines, newspapers, and books. Her highly collectible photos are exhibited worldwide. She is the co-creator of Photographers Against Wildlife Crime, an international group of photographers who have joined forces to use their iconic images to help bring an end to the illegal wildlife trade in our lifetime. She is a Leica Camera ambassador.

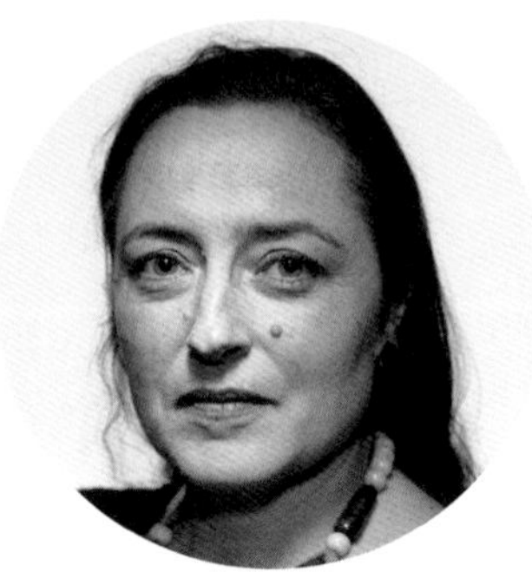

Alexa Keefe

États-Unis – *United States*

Alexa Keefe est rédactrice en chef adjointe du magazine *National Geographic*, où elle conçoit les narrations visuelles qui accompagnent les textes, traitant d'histoire naturelle, de conservation et de relations entre l'homme et la faune sauvage. Ayant rejoint National Geographic en 2011 en tant que productrice photo, elle a été l'une des fondatrices de *Proof*, la plateforme numérique de National Geographic, visant à mettre en lumière les aventures des conteurs d'images à travers le monde. Elle est membre de la Ligue internationale des photographes de conservation (iLCP) et a fait partie du jury pour le College Photographer of the Year, le prix Social Documentary Network & ZEKE Magazine et pour les Daylight Photo Awards. Elle a également animé des conférences et des ateliers lors du Indian Photo Festival. La qualité de son travail en tant qu'éditrice photo a été saluée par la National Press Photographers Association, Pictures of the Year International et la Society of Publication Designers.

Alexa Keefe is Assistant Managing Editor at National Geographic magazine where she shapes the visual narrative for short and long-form stories related to natural history, conservation, and the intersection between humans and wildlife. She first joined National Geographic in 2011 as a photography producer and then became one of the founding editors of Proof, *National Geographic's award-winning digital series highlighting the experiences of visual storytellers from around the world. She is a member of the International League of Conservation Photographers and has served on the jury panel for College Photographer of the Year, the Social Documentary Network's ZEKE award, and the Daylight Photo Awards; she was a featured speaker and workshop leader at the Indian Photo Festival. Alexa's photo editing work has been recognised by the National Press Photographers Association, Pictures of the Year International, and the Society of Publication Designers.*

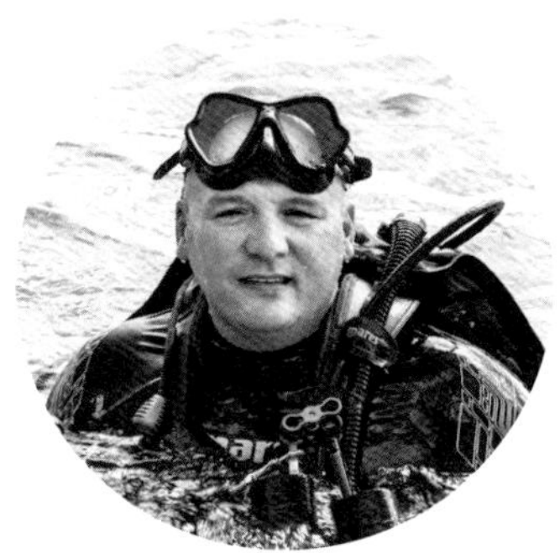

Alex Mustard
Royaume-Uni – *United Kingdom*

Titulaire d'un doctorat en biologie marine, Dʳ Alex Mustard se concentre, depuis 2004, sur la photographie et plus particulièrement la photographie sous-marine. Il a gagné de nombreux prix internationaux depuis son adolescence, et son travail a notamment été mis en valeur à travers le prestigieux concours Wildlife Photographer of the Year, où ses photographies ont figuré dans quinze catalogues au cours des vingt dernières années. En 2013, il a été lauréat du European Wildlife Photographer of the Year et reste, à ce jour, le seul photographe sous-marin à avoir remporté ce titre. Alex est aussi reconnu pour l'attention qu'il porte au partage de ses connaissances, comme en atteste le succès de son ouvrage *Underwater Photography Masterclass* (2016), réimprimé deux semaines seulement après sa sortie. En 2018, il obtient une reconnaissance nationale, devenant membre de l'ordre de l'Empire britannique de sa Majesté la reine Élisabeth II pour « services rendus à la photographie sous-marine ».

Dr Alex Mustard has a Ph.D in marine ecology, but since 2004 his career has been photography and especially underwater photography. He has won international awards since his teenage years, and his work is particularly well known from the Wildlife Photographer of the Year contest where it has featured in 15 different portfolio books of winning photographs over the last 20 years. In 2013, he was named overall winner of the European Wildlife Photographer of the Year and is still the only underwater winner of that title. Alex is especially known for sharing his knowledge – his best-selling book Underwater Photography Masterclass *(2016) was reprinted just two weeks after being released. In 2018, he received national recognition, receiving the title of Member of the Order of the British Empire from Queen Elizabeth II for 'services to underwater photography'.*

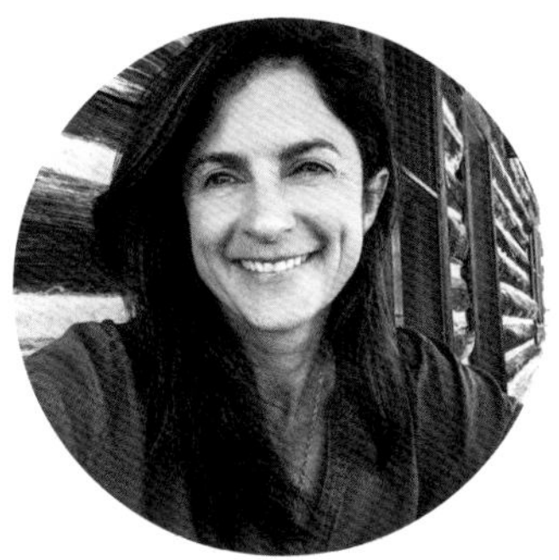

Ami Vitale
États-Unis – *United States*

Photographe National Geographic, réalisatrice, écrivaine et conférencière, Ami Vitale a voyagé dans plus de cent pays, documentant le terrible quotidien de la guerre et témoignant du pouvoir inspirant des acteurs du changement. Son travail, primé à de nombreuses reprises, met en lumière les héros méconnus qui s'efforcent de protéger la vie sauvage et d'améliorer nos relations avec la nature. Elle a été reconnue comme l'une des photographes les plus influentes de sa génération et a fait partie en 2022 du programme d'innovation de l'organisation Conservation International. Elle a reçu la Missouri Honor Medal for Distinguished Service et le Lucie Humanitarian Award en 2022. Elle a été six fois lauréate du prix World Press Photo et a également écrit *Panda Love*, un livre à succès sur la vie secrète des pandas. Ami est la fondatrice et directrice exécutive de Vital Impacts, une organisation à but non lucratif visant à utiliser l'art comme un moyen d'engagement des jeunes générations dans la protection de la nature. Elle donne des conférences dans le monde entier et participera à la série télévisée *National Geographic Explorer* en 2023.

National Geographic photographer, filmmaker, writer and speaker, Ami Vitale has travelled to more than 100 countries, documenting the heartbreaking realities of war and witnessing the inspiring power of individuals making a difference. Her award-winning work illuminates the unsung heroes working to protect wildlife and finding harmony in our natural world. She has been named one of the most influential photographers of her generation and is Conservation International's 2022 Innovators Fellow. She received the Missouri Honor Medal for Distinguished Service and the Lucie Humanitarian Award in 2022. She is a six-time recipient of World Press Photo and author of the best-selling book Panda Love, *on the secret lives of pandas. Ami is the founder and Executive Director of the non-profit Vital Impacts which uses art to engage youth in conservation. She lectures around the world and will be featured on the* National Geographic Explorer *TV series in 2023.*

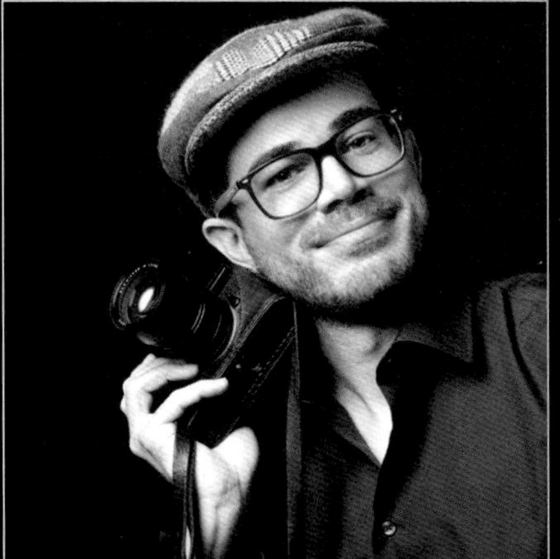

Le photographe néerlandais Jasper Doest crée des histoires visuelles qui explorent la relation entre l'homme et la nature et collabore au magazine *National Geographic*. Diplômé en écologie, Jasper sait que la vie humaine dépend de tout ce que notre planète peut nous offrir, mais il constate pourtant sans cesse combien nos modes de consommation actuels ne sont pas durables. Convaincu que la photographie peut amorcer le changement, Jasper est membre de la Ligue internationale des photographes de conservation (iLCP) et ambassadeur du Fonds mondial pour la nature (WWF). Il a reçu, entre autres, quatre prix World Press Photo et a été nommé « European Wildlife Photographer of the Year » en 2020.

Dutch photographer Jasper Doest creates visual stories that explore the relationship between humankind and nature and is a contributing photographer to National Geographic *magazine. Having majored in ecology, Jasper knows human life depends on everything our planet has to offer, yet he recognizes the unsustainable nature of the current human patterns of consumption. As a true believer in the power of photography to initiate change, Jasper is an International League of Conservation Photographers senior fellow and a World Wildlife Fund ambassador. His accolades include four World Press Photo Awards and in 2020 he was named European Wildlife Photographer of the Year.*

PHOTOGRAPHE ENVIRONNEMENTAL 2023

ENVIRONMENTAL PHOTOGRAPHER 2023

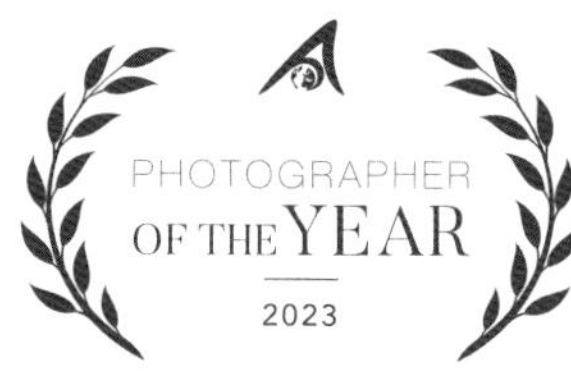
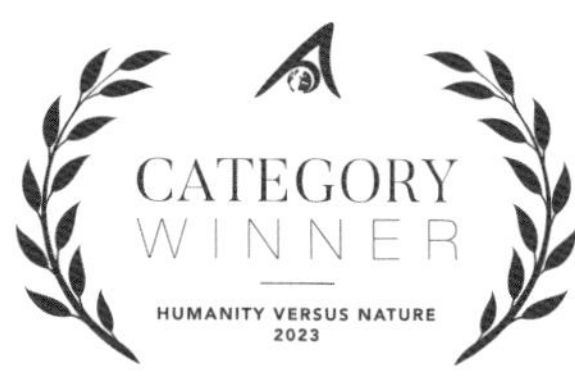
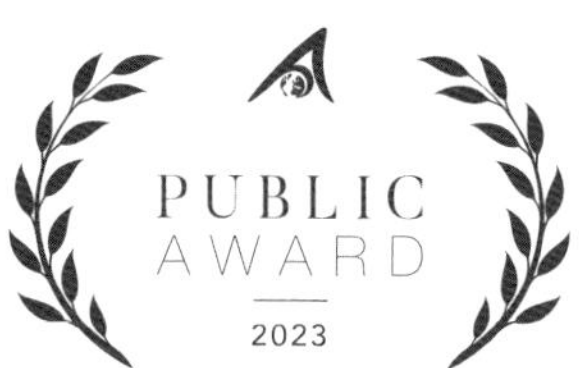

Jasper Doest

Fight to the Death, 2021
Parc national de la Lopé, Gabon – Lopé National Park, Gabon

66 Rappel tragique des conséquences des conflits entre l'homme et l'animal, cet éléphant enragé se bat pour rester en vie après avoir été heurté par un train transportant du manganèse dans le parc national de la Lopé au Gabon, entre Moanda et Libreville. La hanche de l'animal a été brisée de façon irrémédiable. L'éléphant n'a pu être sauvé et, après sa mort, le directeur du parc a pris les mesures nécessaires pour que sa viande soit distribuée à la communauté locale. Malgré le danger que représentent les accidents de train réguliers dans le parc national de la Lopé et les efforts du directeur pour identifier les zones de conflit potentiel, la compagnie ferroviaire a refusé de prendre des mesures et continue d'ignorer le risque que représente la circulation des trains à pleine vitesse dans le parc. Cette situation est principalement due à la pression économique exercée par le transport du deuxième produit d'exportation du Gabon, le manganèse, qui représente 11 % des exportations du pays.

66 *A tragic reminder of the consequences of human-animal conflict, this enraged elephant fights for its life after it was struck by a train transporting manganese through Lopé National Park in Gabon, between Moanda and Libreville. The animal's hip was shattered beyond repair. The elephant was unable to be saved, and following the elephant's death the park director took the necessary steps to ensure its meat was distributed to the local community. Despite the danger posed by regular train accidents in Lopé National Park and the director's efforts to identify potential conflict areas, the railway company has declined to take action and continues to ignore the risk of running trains at full speed through the park. This is primarily due to the economic pressure of transporting Gabon's second largest export product, manganese, which accounts for 11% of the country's exports.*

24-90 mm f/2.8-4 Lens - 1/125 sec at f/11 ISO 125

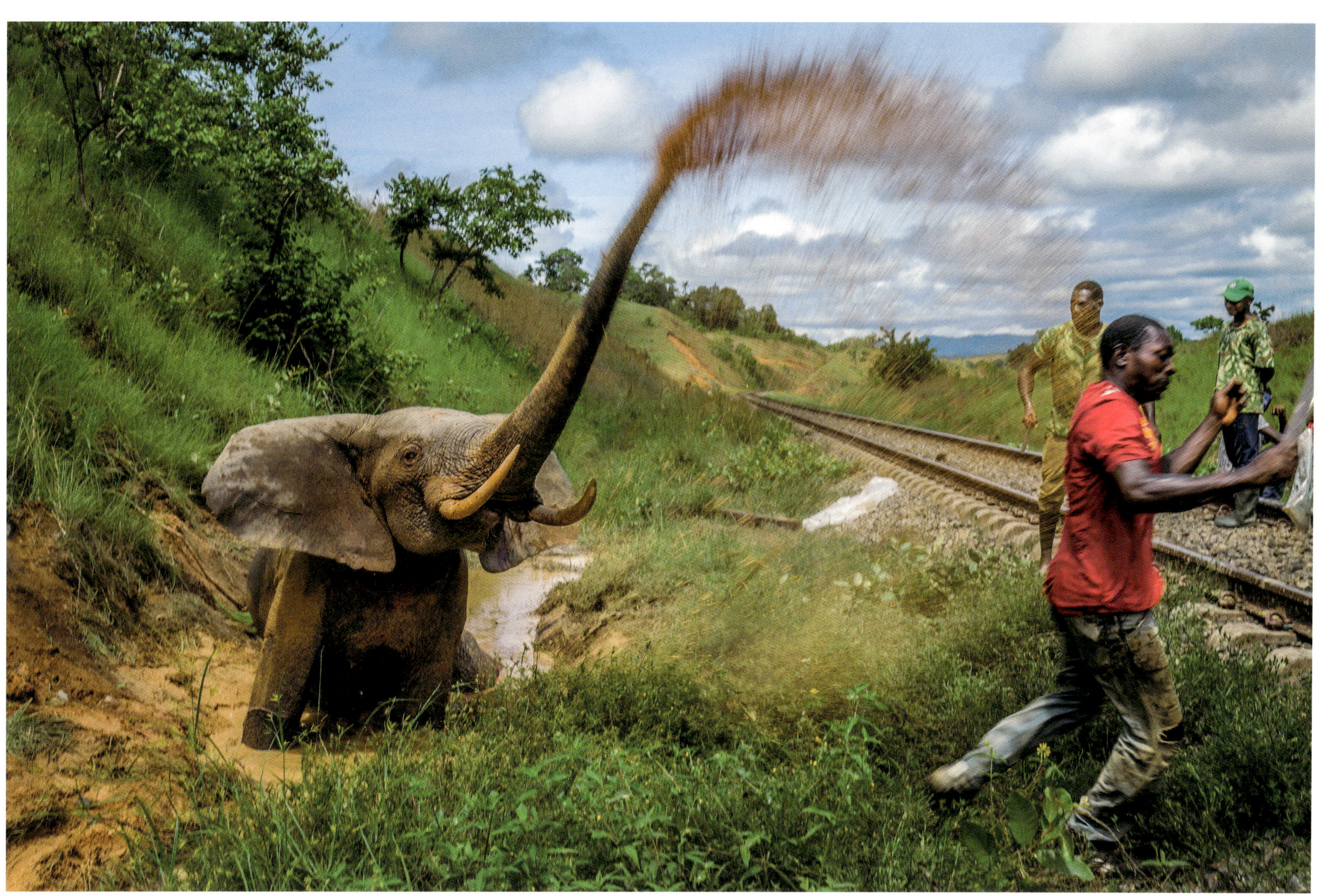

HUMANITÉ VERSUS NATURE

HUMANITY VERSUS NATURE

Giacomo d'Orlando
Coexisting with Sea Level Rise, 2022
Java, Indonésie – Java, Indonesia

66 Abdul Latief, 62 ans, travaille comme pêcheur depuis 37 ans. Depuis que la mer a pénétré à l'intérieur des terres, les vents se sont renforcés et les poissons sont plus difficiles à trouver. Aujourd'hui, il dépense plus d'argent pour le carburant de son bateau qu'il n'en gagne. Sa maison a été inondée pour la première fois en 2008 et depuis, il l'a déjà surélevée deux fois, en 2009 et en 2019. En février 2022, j'ai démarré un projet à long terme pour étudier l'impact du changement climatique sur les écosystèmes marins et l'environnement côtier, en mettant en évidence la façon dont les habitants s'adaptent pour survivre à ces phénomènes. Je suis allé documenter l'élévation du niveau de la mer sur la côte nord du centre de Java, un endroit durement touché par ce phénomène et par l'érosion côtière. Avec la communauté locale, j'ai exploré les endroits les plus endommagés pour recueillir des témoignages sur l'impact de ce changement.

66 *Abdul Latief, 62, has worked as a fisherman for 37 years. Since the sea has penetrated inland, the winds have strenghtened and fish are harder to find. Nowadays he spends more money on fuel for the boat than what he can earn. His house flooded for the first time in 2008 and since then he has already elevated it twice, in 2009 and 2019. In February 2022 I started a long-term project investigating the impact of climate change on marine ecosystems and coastal environments, highlighting how people adapt to survive these phenomena. I went to document the rising sea levels on the North coast of Central Java, a place hit hard by this phenomenon and by coastal erosion. Together with the local community I went to explore the most damaged places to collect testimonies about these impacts.*

MENTION DU JURY / JURY'S DISTINCTION

28 mm f/1.8 Lens - 1/50 sec at f/4 ISO 640

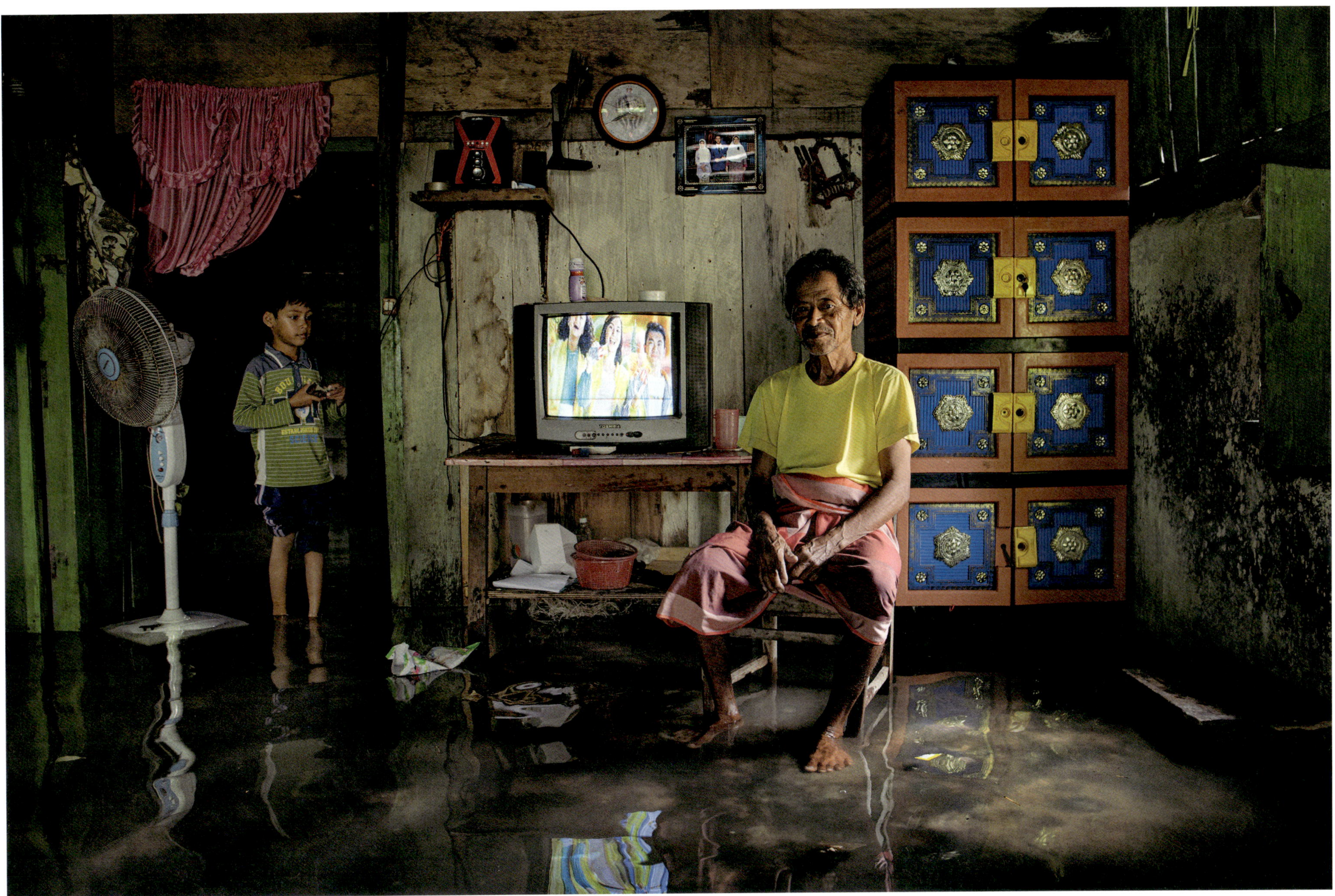

Pratik Chorge
Risking Life for Thirst, 2019
Maharashtra, Inde – Maharashtra, India

❝ Vers 9 heures, le camion-citerne arrive à l'endroit précis du village où les habitants font la queue depuis plus de deux heures. Certains villageois suivent la citerne sur trois à quatre kilomètres avant le village pour être les premiers à se servir en eau lorsqu'elle atteint le point de ravitaillement. Il faut deux heures pour remplir la citerne de 20 000 litres d'eau, mais lorsqu'elle entre dans le village, elle se vide en cinq à sept minutes. Des personnes âgées aux familles en passant par les jeunes enfants, tous se serrent dans la foule pour remplir leurs bidons d'eau.

❝ *Around 9am the water tanker reaches the particular spot in the village where people have queued for more than 2 hours. Some of the villagers catch the tank from a distance of 3-4 km outside the village so that when it reaches the spot in the village they get the opportunity to fill their water containers first. The 20,000-liter water tanker takes 2 hours to fill but when it enters the village it gets emptied within five to seven minutes. From elderly people to families to young children, all of them huddle in the crowd to fill their buckets with water.*

MENTION DU JURY / JURY'S DISTINCTION

20 mm f/1.8 Lens - 1/1000 sec at f/8 ISO 200

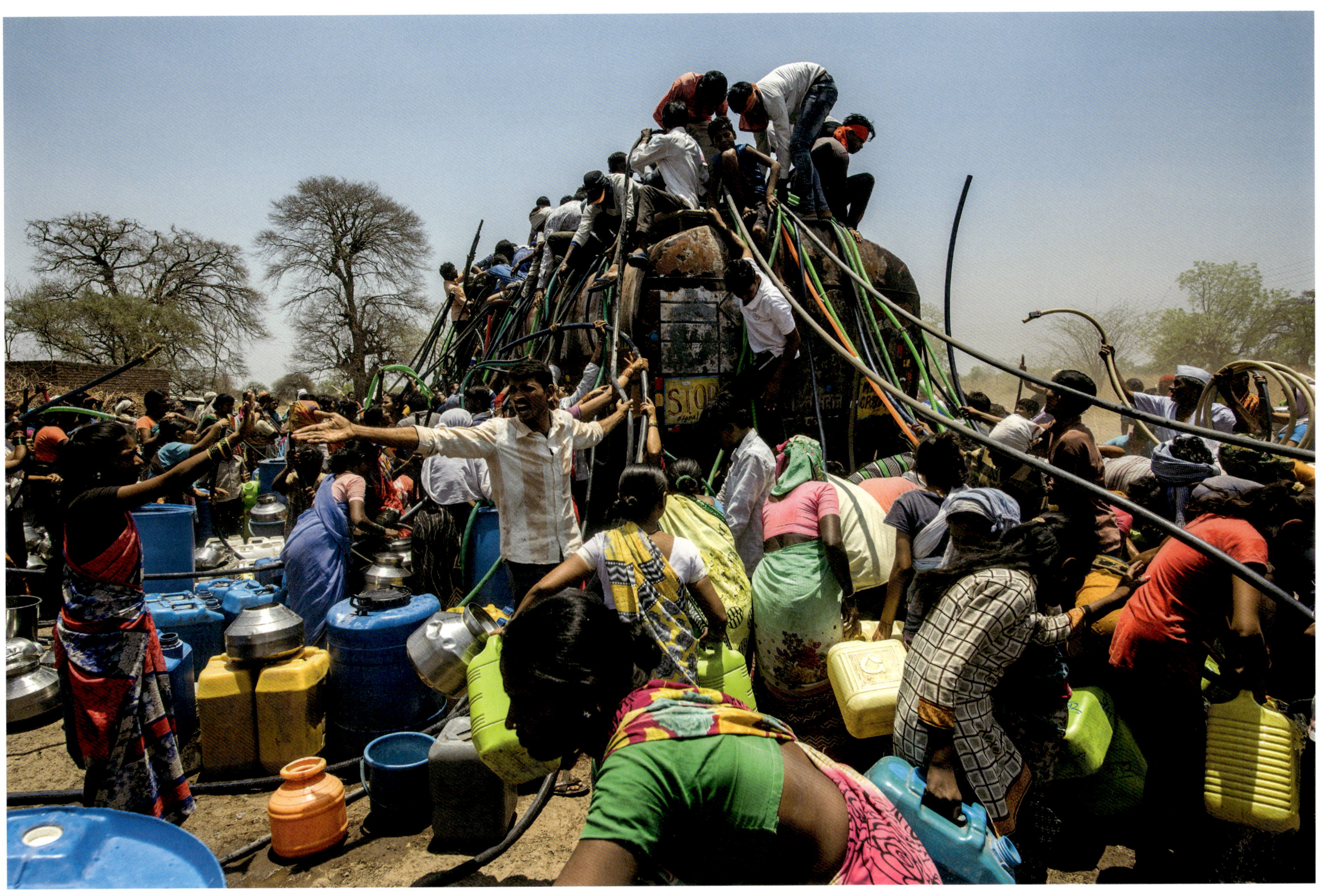

Özge Elif Kızıl
Ancient Sailors, 2021
Muğla, Turquie – Muğla, Turkey

66 En septembre 2021, une tortue de mer verte, trouvée par des habitants dans la région de Fethiye, a été amenée au Centre de recherche, de sauvetage et de réhabilitation des tortues de mer (DEKAMER) sur la plage d'Iztuzu. Cette tortue blessée, nommée Ufuk Duru par ses sauveteurs, souffrait de blessures dues à des heurts d'hélice et à l'ingestion de fil de pêche. Une ligne de pêche avec sept hameçons a été détectée lors des radiographies. Les hameçons devaient se décomposer, mais malgré son traitement, Ufuk Duru est décédée en novembre.
Les tortues, dont l'existence remonte à 110 millions d'années, étaient considérées comme des créatures sages dans la mythologie et leur chemin servait de guide aux hommes. Se repérant grâce au champ magnétique de la Terre et par rapport à la Lune, elles sont les plus anciens marins du monde. Malheureusement, les activités de pêche, les marées noires et la pollution mettent chaque jour la vie des tortues de mer en danger en Méditerranée, l'une des mers qui se réchauffent le plus rapidement au monde. Selon les informations recueillies auprès de diverses organisations en Turquie, 205 tortues de mer en moyenne meurent chaque année.

66 *In September 2021, a green sea turtle found by locals in the Fethiye region was brought to the Sea Turtle Research, Rescue and Rehabilitation Center (DEKAMER) at Iztuzu Beach. The injured turtle, named Ufuk Duru by its rescuers, was suffering from injuries caused by propellers striking it and by ingesting fishing line. A fishing line with 7 hooks was detected on the X-rays. The hooks were expected to decompose, but despite the treatment process, Ufuk Duru died in November.*
Turtles, which date back to 110 million years, were considered wise in mythology and their path was a guide for people. Finding their way by using the Earth's magnetic field and following the moonlight make them the world's most ancient sailors. Unfortunately, fishing activities, oil spills and pollution put the lives of sea turtles in danger daily in the Mediterranean, one of the fastest warming seas in the world. According to the information compiled from a variety of organisations in Turkey, an average of 205 sea turtles die each year.

35 mm f/1.4 Lens - 1/80 sec at f/2.2 ISO 250

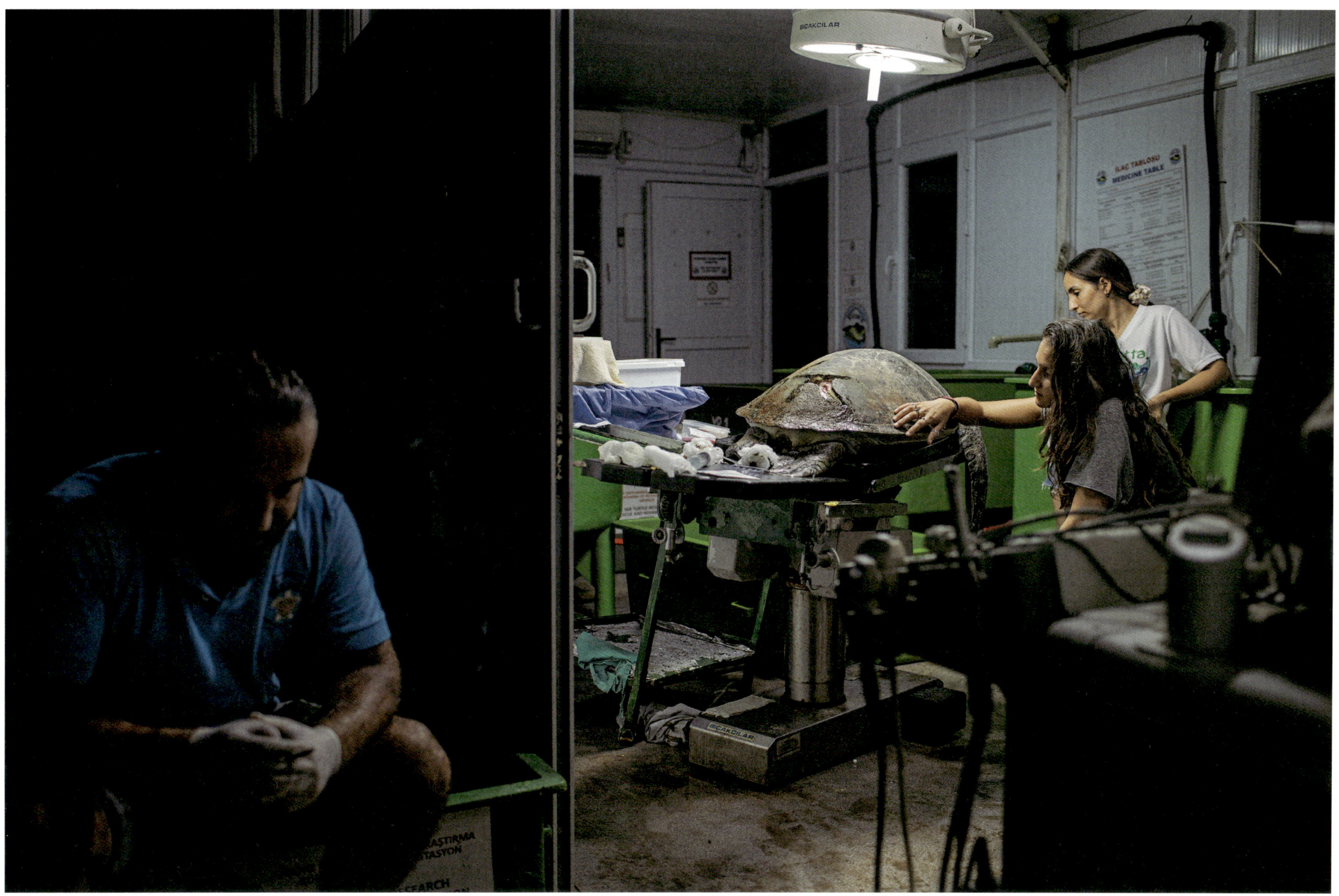

Şebnem Coşkun
New Danger to Underwater Life 'Covid-19 Waste', 2020
Bosphore, Istanbul, Turquie – Bosphorus, Istanbul, Turkey

66 Selon un rapport établi par le Fonds Mondial pour la Nature (WWF), l'équivalent de 33 880 bouteilles en plastique de déchets sont déversés dans la Méditerranée chaque minute. L'Italie, puis la Turquie, sont parmi les pays qui en recueillent le plus. Les déchets médicaux résultant de la pandémie de Covid-19 ont atteint les mers et les océans à cause de la négligence humaine. Alors que le plastique et les déchets d'une manière générale représentent un grand danger pour les écosystèmes marins, les « déchets médicaux » viennent s'ajouter à la liste, accentuant davantage le problème et rendant de plus en plus irréversible la pollution environnementale.

66 *According to a report prepared by the World Wildlife Fund (WWF), plastic waste equivalent to 33,880 plastic bottles is being mixed into the Mediterranean per minute. Italy and then Turkey are among the countries on whose shores the most plastic waste washes up. Medical waste resulting from the Covid-19 pandemic has reached the seas and oceans due to human negligence. While plastic and general waste pose a great danger to marine ecosystems, "medical waste" is adding to the list, further exacerbating the problem and making environmental pollution more and more irreversible.*

16-35mm f/2.8 Lens - 1/200 sec at f/5.6 ISO 160

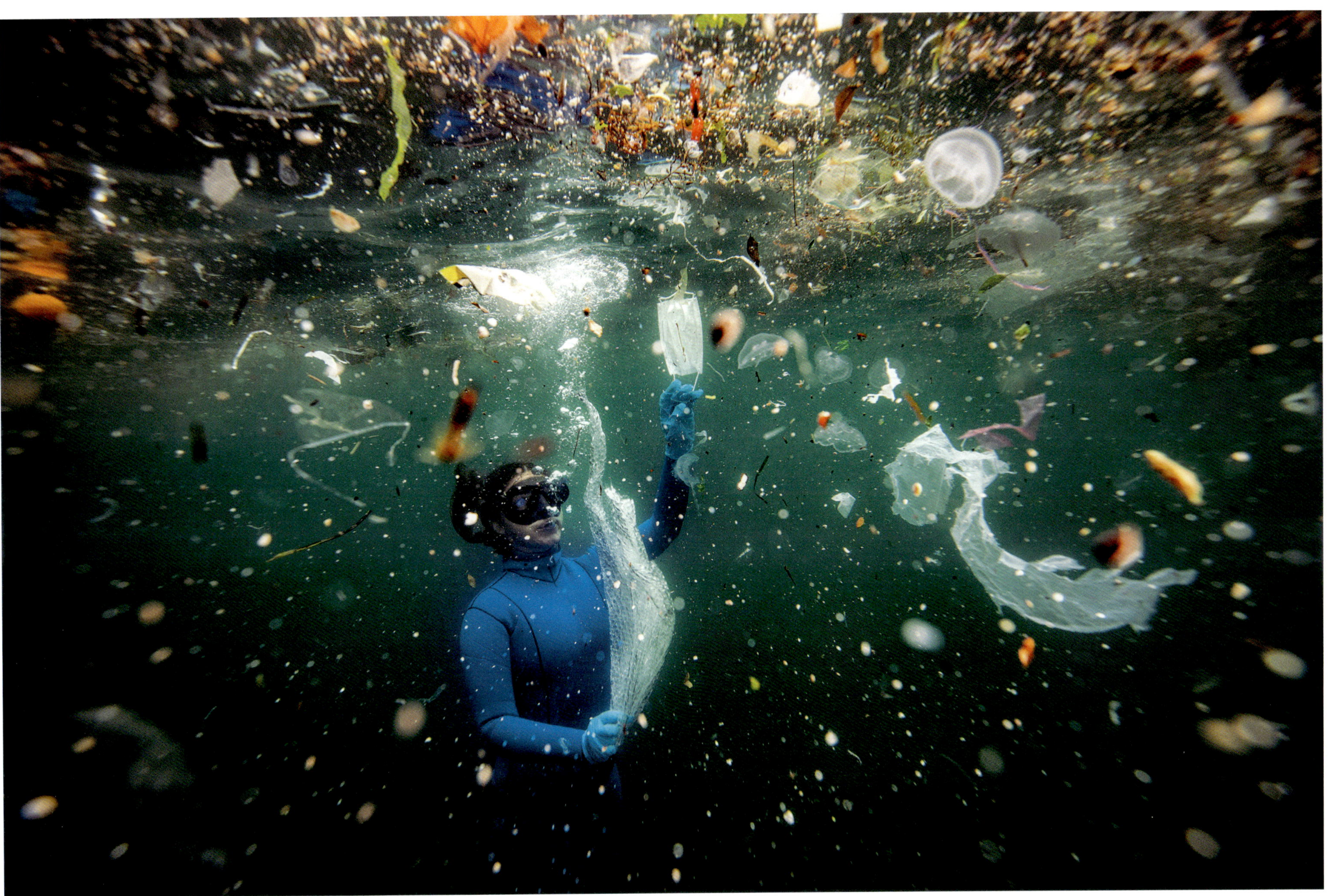

Michele Lapini
Flood, 2020
Italie – Italy

“ Le 6 décembre 2020, à 7 heures 53, la rupture de la digue de la rivière Panaro a provoqué l'inondation d'une grande partie de la vallée du Pô. La ville de Nonantola a été submergée par près de deux mètres d'eau et environ 500 habitants ont dû être déplacés. La rivière a inondé une grande partie de la campagne et la vue du drone restitue l'ampleur de la situation dans laquelle des centaines de personnes et d'animaux se sont retrouvés, momentanément isolés dans les maisons et les fermes. Les dégâts ont été estimés à environ 100 millions d'euros. Les phénomènes d'inondation sont de plus en plus fréquents dans la vallée du Pô en raison de la récurrence d'événements climatiques extrêmes et d'une attention insuffisante à la conservation du paysage.

“ *On 6th December 2020 at 7:53 a.m., the Panaro River embankment breach caused the flooding of a very large area of the Po Valley. The town of Nonantola was submerged by at least two meters of water and about 500 inhabitants were displaced. The river had flooded much of the countryside and the view from the drone was able to render the magnitude of the situation in which hundreds of people and animals were momentarily isolated in homes and farms. The damage was estimated at nearly 100 million euros. Flooding phenomena are increasingly frequent in the Po Valley due to recurring extreme climatic events and insufficient land conservation.*

---

28 mm f/2.8 Lens - 1/120 sec at f/7.1 ISO 800

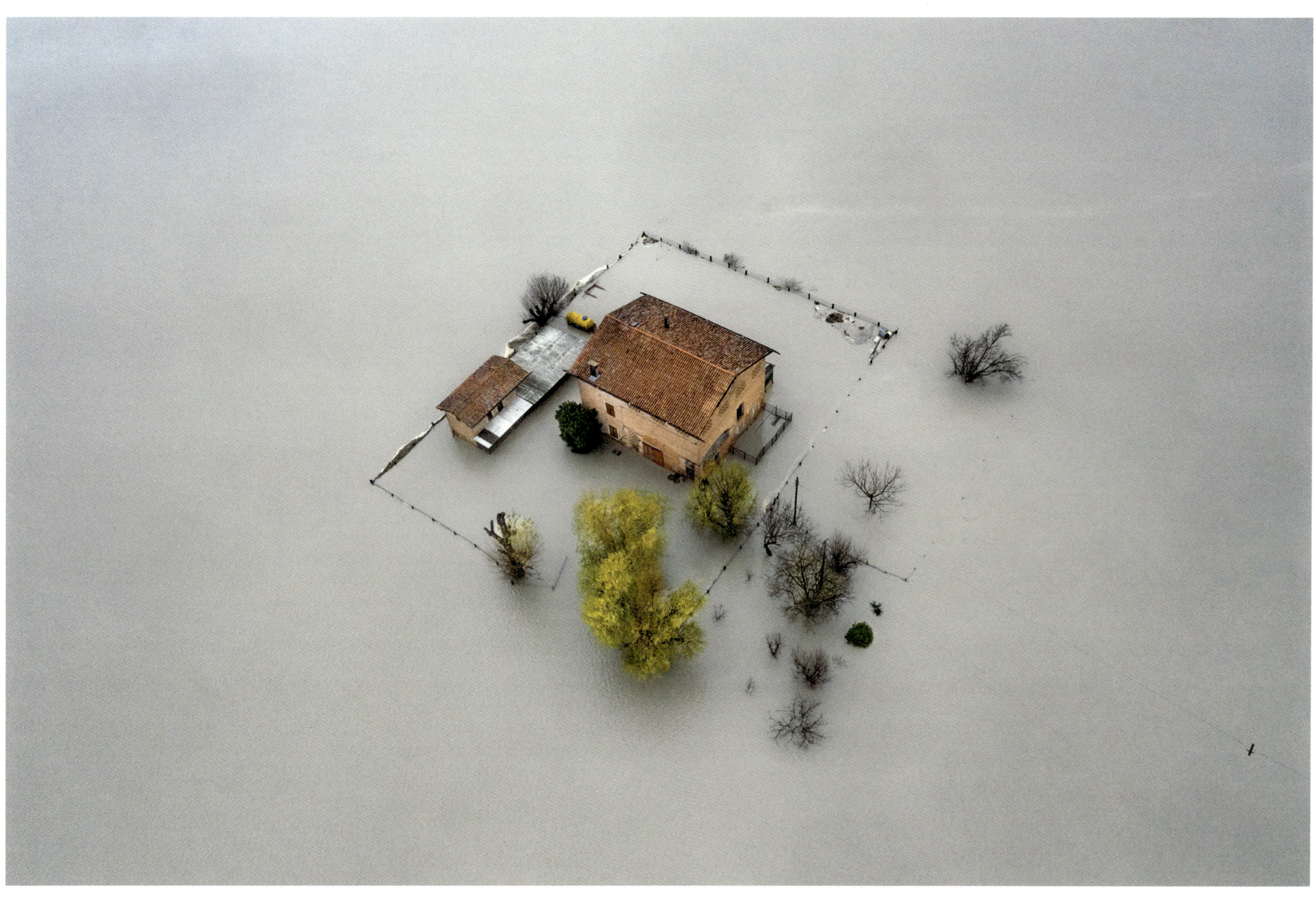

Sirachai Arunrugstichai
Burial of a Giant, 2020
Satun, Thaïlande – Satun, Thailand

“ Ce requin-baleine *(Rhincodon typus)* a été tué par des engins de pêche non-sélectifs et son cadavre a été jeté pour éviter toute poursuite de la part des autorités. Il est ici soulevé à l'aide de grues pour être enterré dans une décharge après que sa nécropsie a été réalisée sur l'île de Tarutao, dans le parc marin national, à Satun, en Thaïlande. Bien que le requin-baleine soit officiellement inscrit sur la liste des espèces protégées en Thaïlande et dans de nombreux autres pays, les engins de pêche ne faisant pas de distinction entre les espèces posent toujours un problème majeur pour la survie de ces grands mammifères marins. L'espèce est désormais classée comme « en danger » dans la liste rouge de l'Union Internationale pour la Conservation de la Nature (UICN) et sa population mondiale est en déclin.

“ *A dead whale shark* (Rhincodon typus) *killed by non-selective fishing gear and thrown away to avoid persecution by the authority is lifted with heavy machinery for burial at a dumpsite after the necropsy was conducted on Tarutao Island, Mu Koh Tarutao National Park, Satun, Thailand. Although the whale shark is legally listed as a protected species in Thailand and many other countries, fishing gear that does not distinguish between species still poses a major problem for the survival of these large marine mammals, whose species is now listed as "Endangered" on the International Union for Conservation of Nature (IUCN) Red List and whose global population is declining.*

24-70 mm f/4 Lens - 1/80 sec at f/4 ISO 100

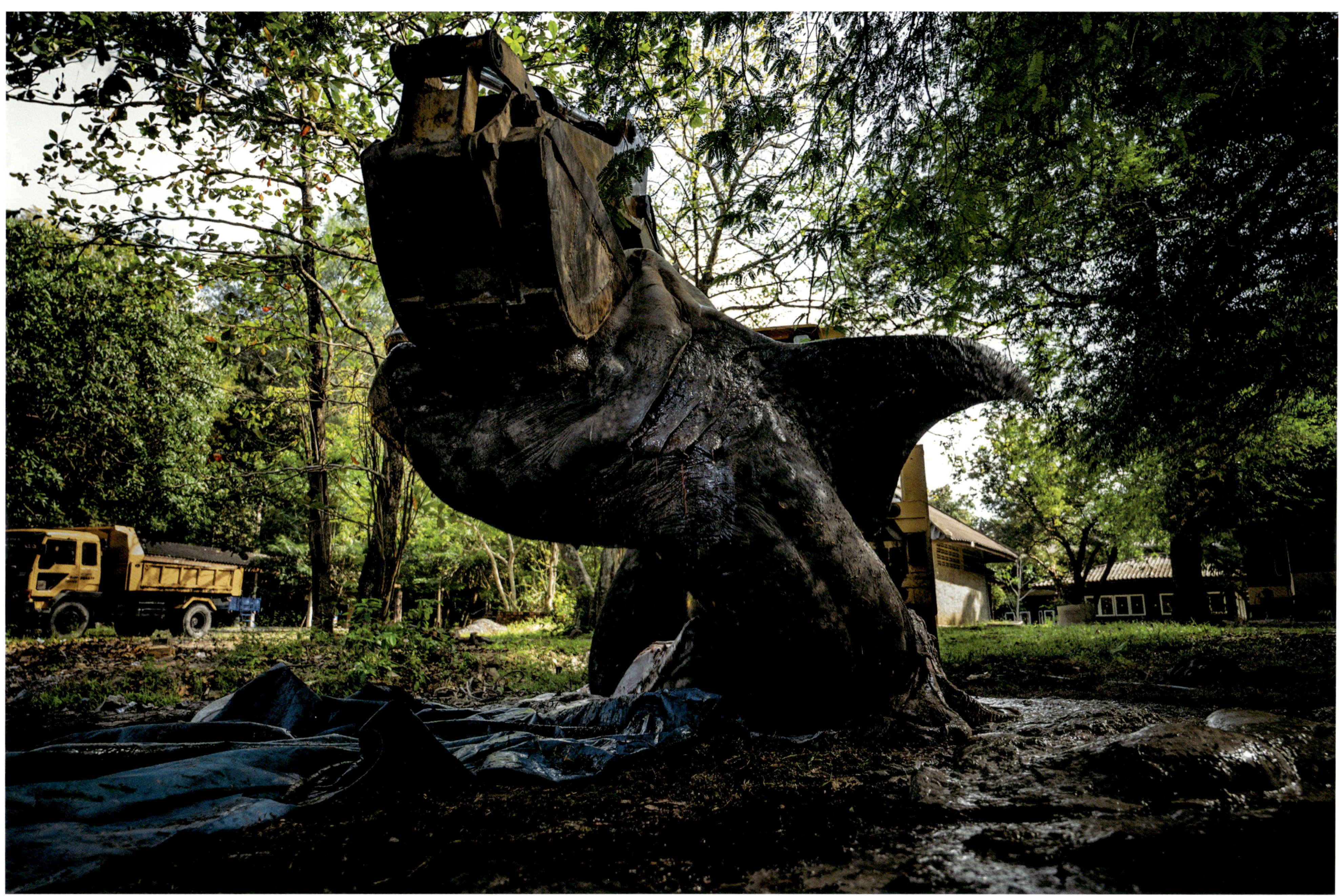

Maxime Aliaga
Traffic Jam, 2021
Réserve nationale du Masai Mara, Kenya – Masai Mara National Reserve, Kenya

66 Des milliers de personnes du monde entier visitent chaque année la réserve nationale du Masai Mara, l'une des plus belles réserves naturelles d'Afrique. Chaque jour, de nombreuses voitures parcourent les pistes pour tenter d'observer les animaux et notamment les félins, très prisés. Le jour où j'ai pris cette photo, un groupe de lions se prélassait à l'entrée du parc, attirant beaucoup de visiteurs. Malgré le nombre de véhicules, les lions ne paraissaient pas perturbés et profitaient de leur ombre salvatrice. La scène, sous cet angle, semble toutefois surréaliste, avec ce lion, pourtant libre et sauvage, hagard au milieu des véhicules touristiques.

66 *Every year thousands of people from all over the world visit the Masai Mara National Reserve, one of the most beautiful nature reserves in Africa. Many cars drive along the tracks every day to see the animals, especially the cats, which are very popular. On the day I took this photo, a group of lions were lounging at the park's entrance, attracting many visitors. Despite the number of vehicles the lions did not seem to be disturbed and were enjoying their shade. From this angle however the scene seems surreal, with this lion, free and wild, yet haggard in the middle of the tourist vehicles.*

100-500 mm f/4.5-7.1 Lens - 1/800 sec at f/5.6 ISO 250

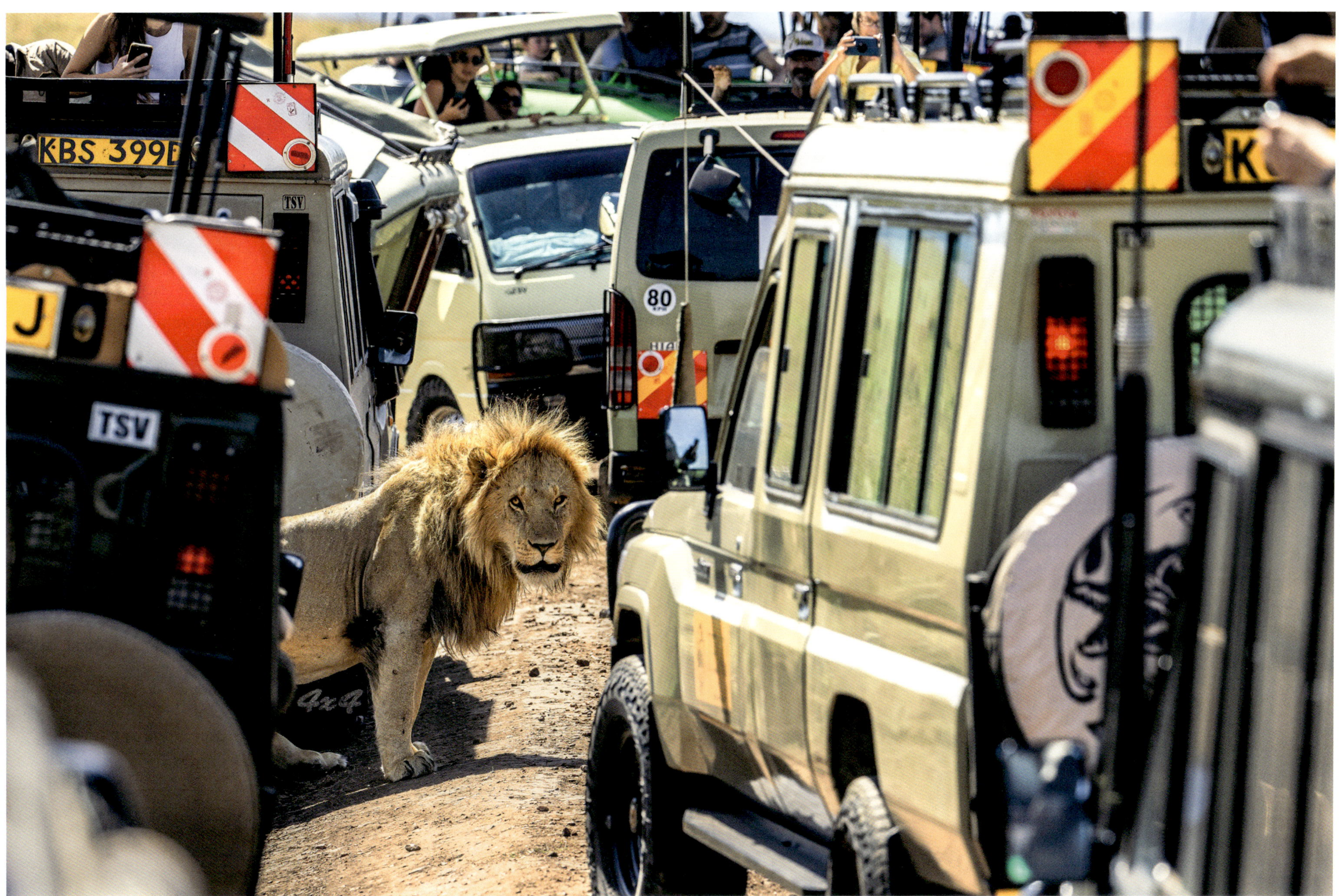

Marcus Westberg
Captive, 2018
Chine méridionale – Southern China

66 Passant la majeure partie de sa vie derrière des barreaux, ce panda géant mâle nous incite à réfléchir aux intentions qui sous-tendent d'innombrables sites qui, bien qu'ils se présentent comme d'importants centres d'élevage ou de sauvetage, ne sont guère plus que des zoos. J'ai été invité par une association de protection de la nature à photographier des travaux de conservation du panda géant. Bien que je ne doute pas que de nombreux membres du personnel de ce centre se soucient sincèrement de leur sort – je n'ai aucune raison de penser le contraire – il n'existait pas de projet de réinsertion en milieu naturel pour ces pandas ou les générations futures, et le tourisme (local) était mis en avant comme une voie à suivre pour l'avenir – ce qui pose vraiment question.

66 *Spending most of his life behind bars, this male giant panda gives us reason to consider the intentions behind countless operations which, though they might market themselves as important breeding or rescue centres, become little more than zoos. I had been invited by a conservation non-profit to photograph some of the giant panda conservation work being done. While I do not doubt that many of the staff members at this facility genuinely cared – I have no reason to think otherwise – there were no plans to release these or future generations of pandas into the wild, and (local) tourism was being emphasized as the path for the future – which really raises an issue.*

EF16-35 mm f/2.8 Lens - 1/100 sec at f/2.8 ISO 2500

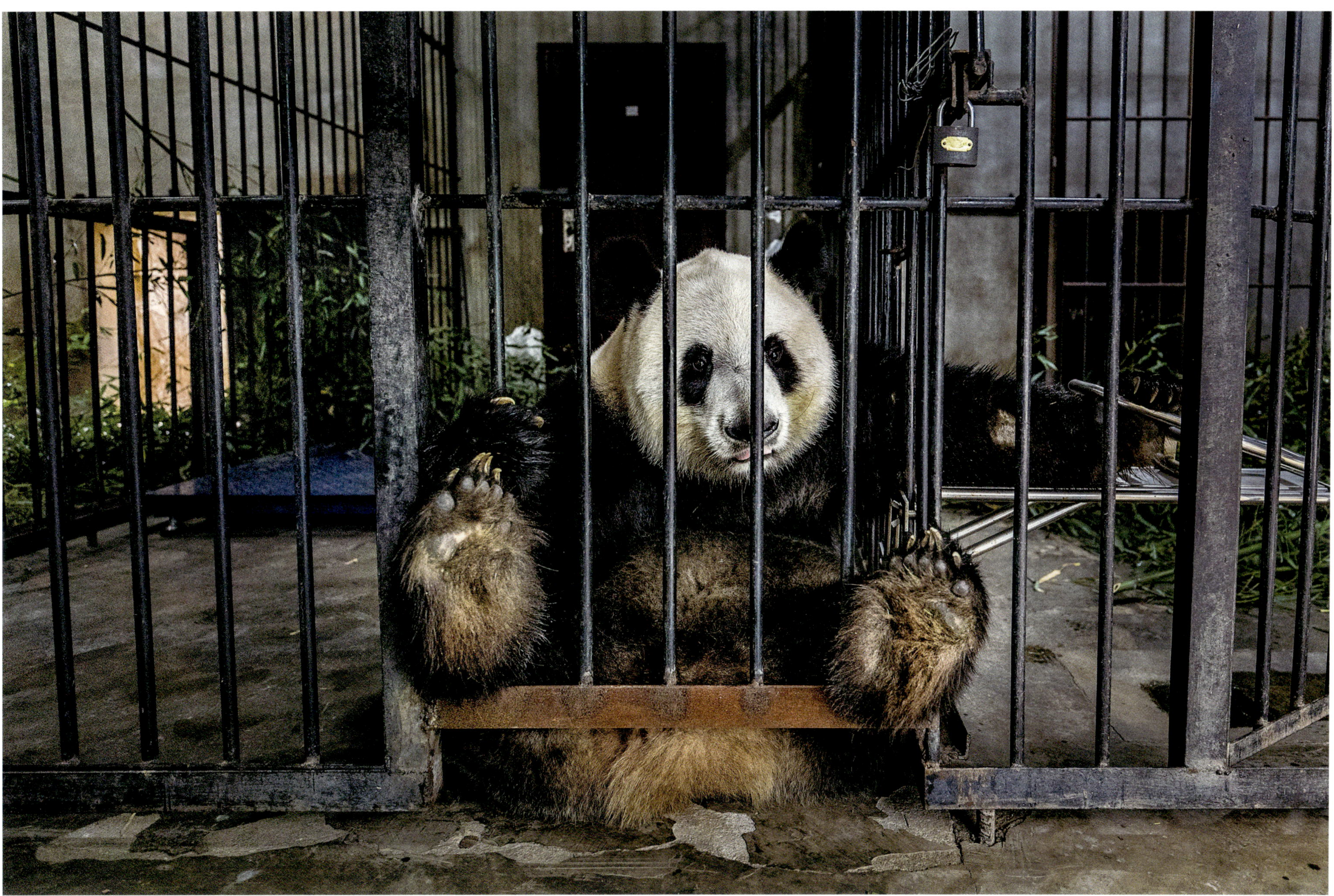

ACTEURS DU CHANGEMENT, PORTEURS D'ESPOIR

CHANGE MAKERS: REASONS FOR HOPE

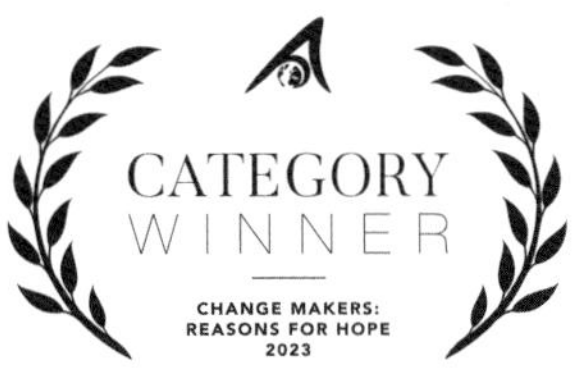

Marcus Westberg
Airborne, 2022
Malawi – Malawi

❝ À la mi-2022, 263 éléphants ont été transférés du parc national de Liwonde au parc national de Kasungu, tous deux situés au Malawi. Si les déplacements de ce type nous rappellent avant tout le désordre que nous avons créé – la fragmentation des habitats et leur destruction – ils représentent aussi des réussites en matière de conservation. Bien que cela puisse peut-être choquer le spectateur, il s'agit d'une méthode assez courante pour déplacer les éléphants. Sous la direction de l'organisation de conservation à but non lucratif African Parks Network et de Conservation Solutions, spécialistes de la translocation d'animaux sauvages, des familles ont été identifiées et les individus ont été endormis depuis des hélicoptères. Une équipe au sol s'est rapidement rendue sur place pour surveiller l'état de santé des éléphants et les transporter dans des camions, où ils ont ensuite été réveillés avec une seconde injection en prévision du voyage par voie terrestre jusqu'à Kasungu. Les familles ne sont jamais séparées et, bien que l'opération de transfert ait duré plus de cinq semaines, chaque groupe a été déplacé en une seule journée.

❝ *In mid-2022, 263 elephants were moved from Liwonde National Park to Kasungu National Park, both in Malawi. While translocations like these are a reminder of the mess we have created – habitat fragmentation and destruction are the reason they are necessary in the first place – they are also success stories in conservation. Though perhaps shocking to the viewer, this is a fairly standard way of moving elephants. Led by non-profit conservation organization African Parks Network and wildlife translocation specialists Conservation Solutions, suitable herds were identified and darted using helicopters. A ground team would quickly move in, monitoring the elephants' health and lifting them into waiting trucks, where they were woken up with a second injection for the overland journey to Kasungu. Families were never separated, and though the translocation operation took over five weeks, it would be over within a single day for any given family.*

12-24 mm f/2.8 Lens - 1/500 sec at f/14 ISO 640

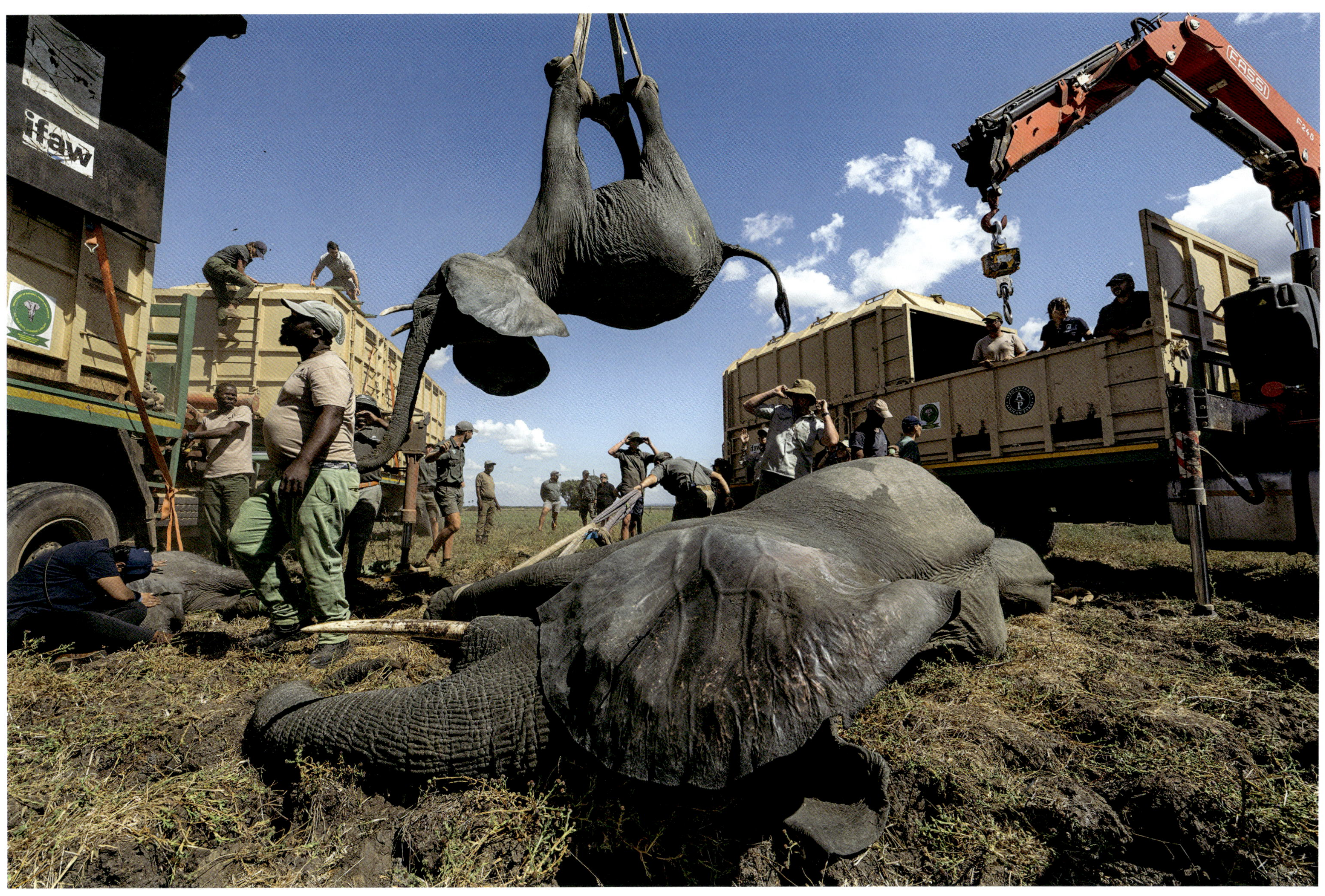

Tommy Trenchard
Wildlife CSI Academy, 2022
Buffelsfontein, Afrique du Sud – Buffelsfontein, South Africa

66 Des étudiants en médecine légale des universités du Royaume-Uni et des Pays-Bas participent à un exercice pratique de documentation des traces médico-légales sur une fausse scène de braconnage de rhinocéros à la Wildlife Crime Forensics Academy de Buffelsfontein, en Afrique du Sud. L'académie a été créée en mai 2022 pour doter les gardes forestiers et autres agents gouvernementaux dédiés à l'environnement des compétences nécessaires pour recueillir les preuves médico-légales indispensables à la condamnation des braconniers. Les affaires de criminalité liées à la faune sauvage aboutissent rarement devant les tribunaux, soit parce qu'aucun suspect n'a été identifié, soit par manque de preuves exploitables. Les fondateurs de l'académie, la première du genre au monde, espèrent qu'en travaillant sur de fausses scènes de crime ultraréalistes, ils pourront contribuer à former et à inspirer une nouvelle génération de spécialistes de la criminalité liée aux espèces sauvages et à augmenter considérablement le taux de condamnation dans les affaires de braconnage. À l'heure actuelle, le commerce illégal d'espèces sauvages représenterait une valeur de 20 milliards de dollars par an, de l'ivoire aux écailles de pangolin, en passant par le bois de rose et les plantes grasses ornementales.

66 *Forensics students from universities in the UK and the Netherlands take part in a practical exercise to document forensic traces at a fake rhino poaching crime scene at the Wildlife Crime Forensics Academy in Buffelsfontein, South Africa. The Academy was set up in May 2022 to equip rangers and other environmental law enforcement officers with the skills needed to collect the vital forensic evidence required to convict poachers in court. Wildlife crime cases hardly make it to court, either because suspects cannot be identified or because of a lack of usable evidence. The founders of the Academy, which is the first of its kind worldwide, hope that by using ultra-realistic fake crime scenes they can help train and inspire a new generation of wildlife crime forensics experts and significantly boost conviction rates in poaching cases. Currently, the illegal wildlife trade is thought to be worth as much as $20b per year, from ivory and pangolin scales to rosewood and ornamental succulents.*

MENTION DU JURY / JURY'S DISTINCTION

24 mm f/1.4 Lens - 1/320 sec at f/3.5 ISO 640

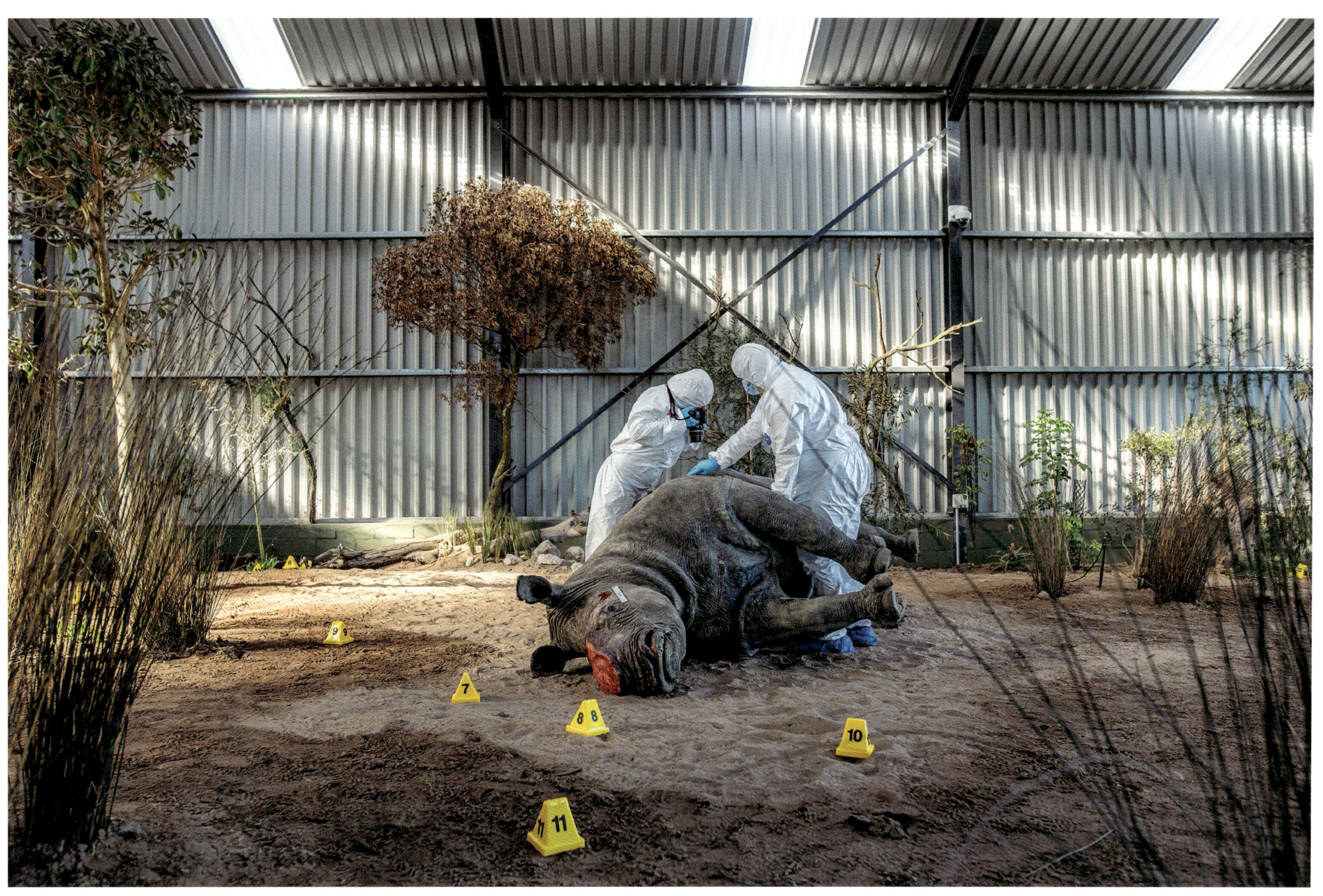

Tom Shlesinger
Checking Out a Coral Nursery, 2019
Eilat, Israël – Eilat, Israel

66 Bien que la tortue de mer à écailles *(Eretmochelys imbricata)* soit en danger critique d'extinction, elle est assez commune dans le golfe d'Aqaba et à Eilat, au nord de la mer Rouge. Cette tortue de mer est l'une des plus petites et son régime alimentaire est varié, allant des éponges et coraux mous aux méduses ou aux crustacés. Ici, la tortue examine une pépinière de coraux surnommée « l'igloo ». Ce récif artificiel en forme de dôme a été construit et placé dans la mer il y a plus de vingt ans. Rapidement après la transplantation des coraux sur l'igloo, d'autres se sont établis naturellement, attirant dans la structure de nombreuses espèces de poissons et autres animaux marins.

66 *Although the hawksbill sea turtle* (Eretmochelys imbricata) *is critically endangered, it is quite common in the Gulf of Aqaba and Eilat, in the northern Red Sea. This sea turtle is one of the smallest and has a varied diet, ranging from sponges and soft corals to jellyfish or crustaceans. Here the turtle is examining a coral nursery known as the 'igloo'. This artificial dome-shaped reef was built and placed in the sea more than twenty years ago. Soon after the corals were transplanted to the igloo, others established themselves naturally, attracting many species of fish and other marine animals to the structure.*

MENTION DU JURY / JURY'S DISTINCTION

16-35 mm f/2.8 Lens - 1/100 sec at f/11 ISO 100

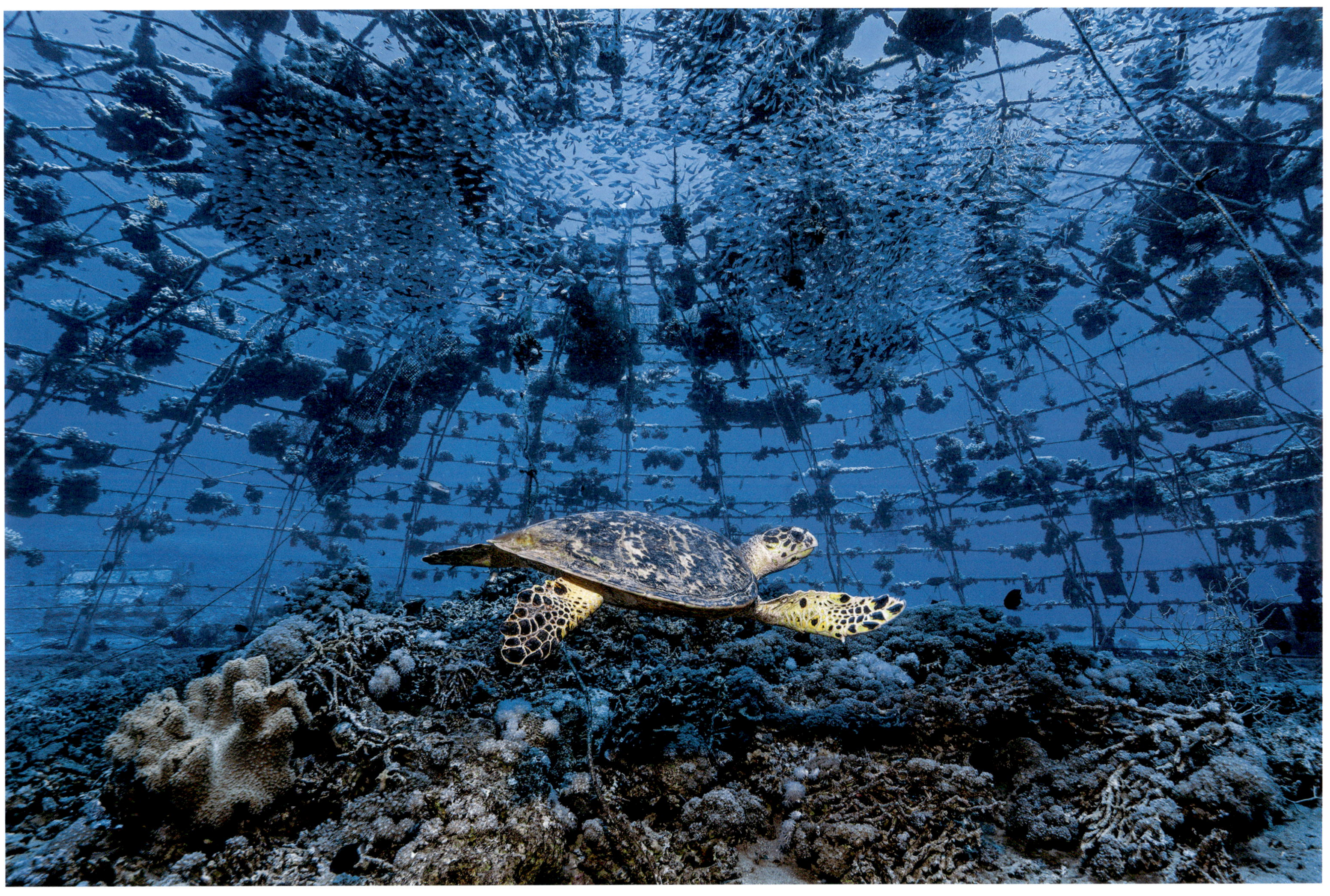

Azim Khan Ronnie
Traditional Floating Vegetable Garden, 2020
Pirojpur, Bangladesh – Pirojpur, Bangladesh

“ Les agriculteurs ont mis en place des potagers flottants sur la rivière. Chaque bande de terre mesure entre 60 et 90 mètres de long, et les agriculteurs cultivent jusqu'à 300 espèces de légumes, en naviguant dans les canaux qui les séparent. Les jardins montent et descendent au gré des crues des rivières voisines, ce qui limite la durée des cultures et fait de la terre une ressource précieuse pour les habitants. La zone de Pirojpur, au Bangladesh, qui s'étend sur 400 hectares, présente un éventail extraordinaire de cultures : haricots, betteraves, citrouilles, gombos, aubergines, concombres, amarantes rouges, courges, navets, choux-fleurs, curcuma et piments.

“ *The farmers have set up vegetable gardens which float on the river. Each strip of land is between 60 and 90 metres long, and farmers grow up to 300 different types of vegetables, navigating the channels between them. The gardens rise and fall with the nearby rivers' floods, limiting the length of time crops can be grown and making land a precious commodity for local inhabitants. The 400-hectare Pirojpur area in Bangladesh has an extraordinary range of crops: beans, beetroot, pumpkins, okra, aubergines, cucumbers, red amaranth, squash, turnips, cauliflower, turmeric and chillies.*

---

28 mm f/2.8 Lens - 1/1250 sec at f/5.6 ISO 100

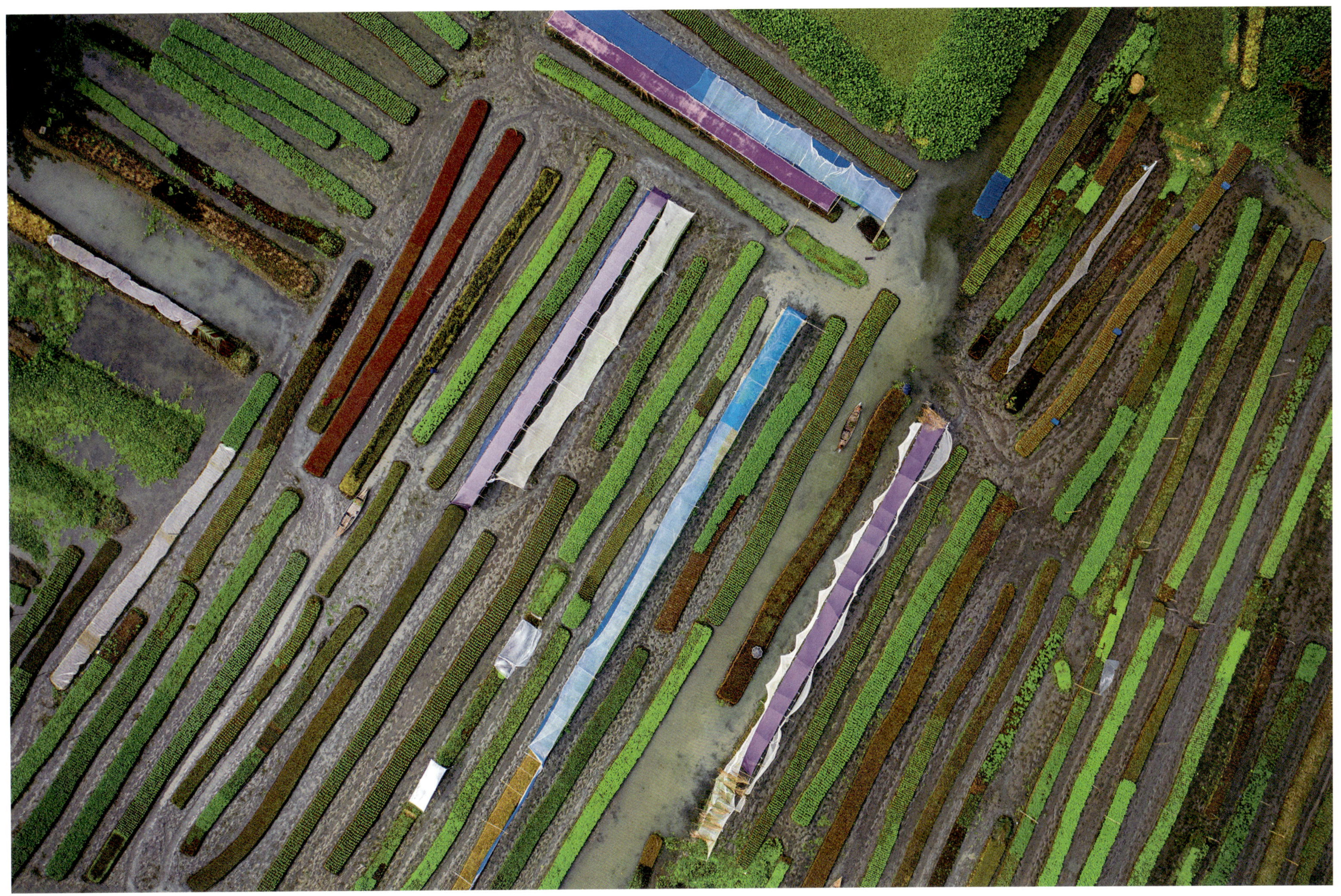

Giacomo d'Orlando
The Human and the Ocean, 2018
Cape Cleveland, ville de Townsville, Queensland, Australie
Cape Cleveland, City of Townsville, Queensland, Australia

66 Adriana Campili, chercheuse en biologie marine, vérifie l'état de l'aquarium récifal du laboratoire de l'Australian Institute of Marine Science. L'AIMS est la plus haute institution spécialisée en charge de la surveillance de l'état de la Grande Barrière de corail. Dans son simulateur de mer sont menées des expériences de pointe sur les coraux afin d'assurer l'avenir de nos récifs. Sur cette photo, j'ai voulu illustrer l'étroite connexion entre l'être humain et l'écosystème marin, en soulignant l'importance de ce lien naturel. Elle fait partie d'une enquête que j'ai commencée en 2018 sur l'impact du changement climatique sur les écosystèmes marins et l'environnement côtier.

66 *Adriana Campili, marine biology researcher, checks the status of the Reef Aquarium at the Australian Institute of Marine Science laboratory. The AIMS is the most specialised authority in charge of monitoring the state of the Great Barrier Reef. Inside its Sea Simulator the most state-of-the-art experiments on corals are carried out in order to secure a future for our reefs. In this picture I wanted to depict the tight connection between the human being and the marine ecosystem, underlining the importance of this natural bond. This picture is part of an investigation I started in 2018 about the impact of climate change on marine ecosystems and coastal environment.*

28 mm f/1.8 Lens - 1/320 sec at f/4 ISO 800

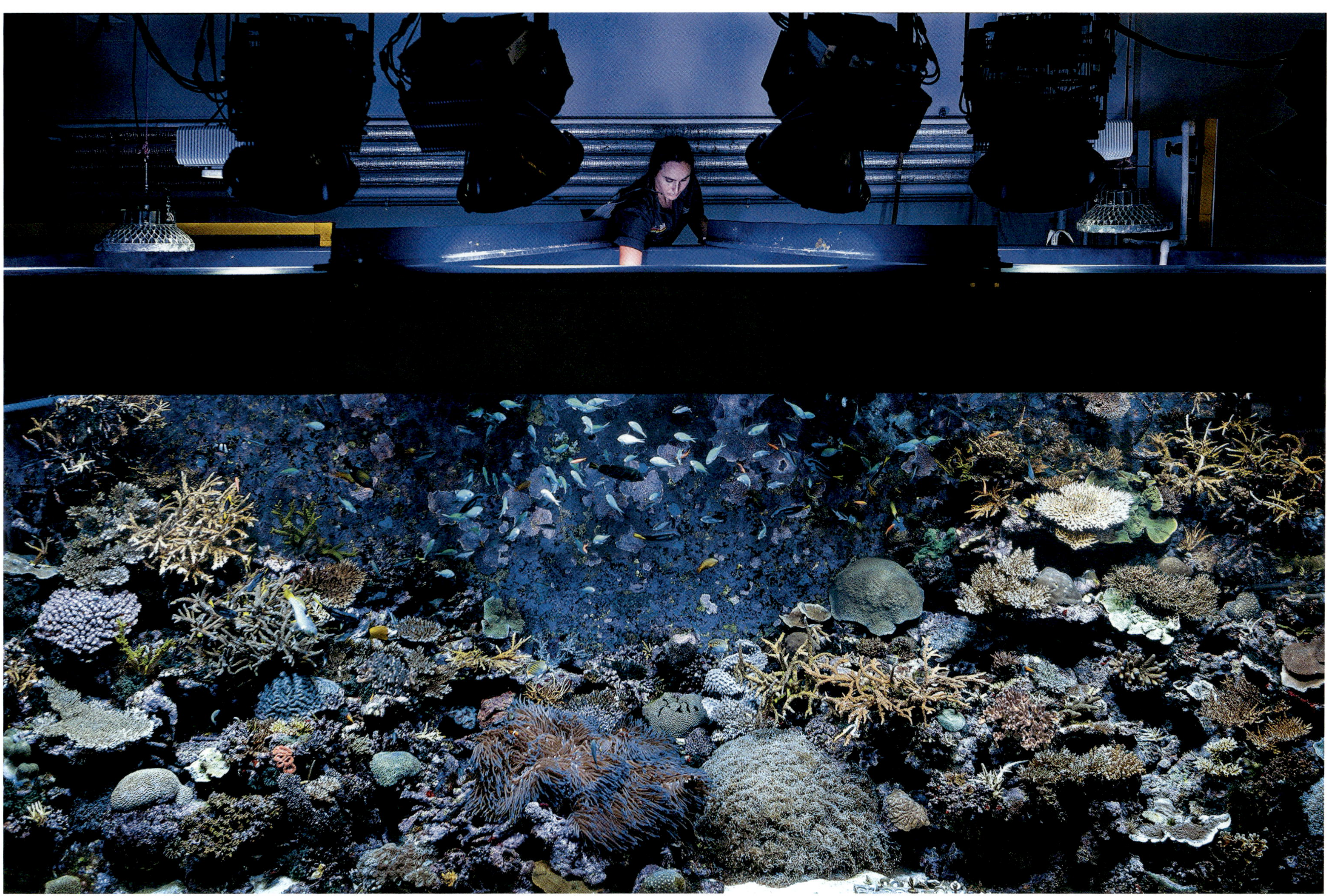

Simone Tramonte
New Ways to the Future (III), 2021
Copenhague, Danemark – Copenhagen, Denmark

66 Amager Bakke est d'abord un incinérateur à déchets dont on récupère la chaleur pour le chauffage. L'usine dessert 680 000 personnes et traite les déchets de près de 300 camions chaque jour. Installation de valorisation énergétique des déchets la plus propre au monde, elle accueille également, depuis octobre 2019, un espace de loisirs appelé CopenHill avec une piste de ski, le mur d'escalade le plus haut du monde et des sentiers de randonnée en haut de l'édifice. Le bâtiment a été conçu dans le but de « contribuer positivement à la ville, faire partie de la ville, et même devenir un point de repère de la capitale ». Le changement climatique est la plus grande menace à laquelle le monde est confronté. Lors de la COP26 qui s'est tenue en novembre 2021, 197 pays ont signé le Pacte de Glasgow pour le climat afin de limiter les émissions de gaz à effet de serre et de renforcer la résilience face au changement climatique. Les énergies renouvelables, les nouvelles technologies pour la production alimentaire et l'économie circulaire sont des solutions clés pour atteindre les objectifs du pacte vert pour l'Europe.

66 *Amager Bakke is primarily a waste incinerator from which heat is recovered for heating. The plant serves 680,000 people and takes waste from up to 300 lorries every day. It is the world's cleanest waste-to-energy facility, and , since October 2019, has hosted a recreational area called CopenHill with a ski slope, the world's highest climbing wall and hiking trails at the top of the building. The construction was designed to "contribute positively to the city, become part of the city, and even become one of the capital's landmarks". Climate change is the greatest threat the world is facing. At COP 26 held in November 2021, 197 countries signed the Glasgow Climate Pact to cap greenhouse gas emissions and build resilience in the face of climate change. Renewable energies, new technologies for food production and the circular economy are key solutions for achieving the Green Deal goals.*

---

28 mm f/1.8 Lens - 1/2200 sec at f/4.5 ISO 105

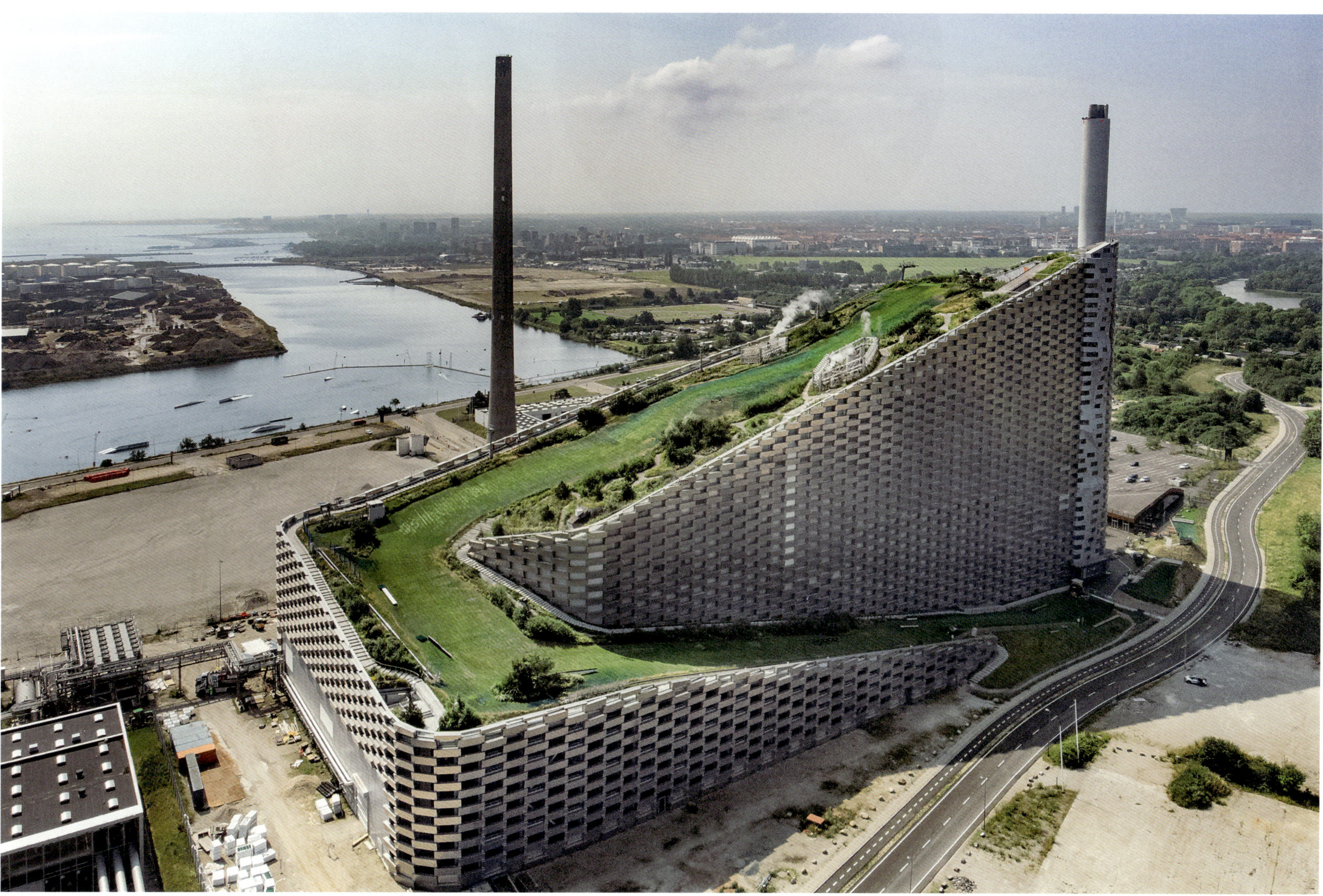

Morgan Heim
A Big Shot for a Tiny Rabbit, 2021
Bassin de Columbia, État de Washington, États-Unis
Columbia Basin, Washington State, United States

❝ Un lapin pygmée *(Brachylagus idahoensis)* du bassin de Columbia, dont il reste moins de 150 individus à l'état sauvage, vient de recevoir un vaccin salvateur. Après avoir survécu à des décennies de destruction de leur habitat, de méga-incendies et de sécheresse, ces petits lapins sont aujourd'hui confrontés à une fièvre hémorragique européenne mortelle qui s'est propagée aux lapins domestiques et d'élevage. Heureusement, il existe un vaccin éprouvé qui peut aider à stopper la maladie. Un réseau de biologistes dirigé par Jon Gallie (tenant le lapin) du Département de la pêche et de la faune de l'État de Washington pour l'organisation The Nature Conservancy, et des bénévoles se sont mobilisés pour capturer les lapins et leur administrer le vaccin. Les efforts déployés en 2021, couronnés de succès, se poursuivent pour assurer leur survie.

❝ *A Columbia Basin pygmy rabbit* (Brachylagus idahoensis), *of which there are fewer than 150 left in the wild, has just received a life-saving vaccine. After surviving decades of habitat destruction, megafires and drought, the tiny rabbits now face a deadly European hemorrhagic fever that has spilled over from domesticated and farmed rabbits. Luckily, there is a well-proven vaccine that can help stop the disease in its tracks. A network of biologists led by Jon Gallie (holding the rabbit) with the Washington Department of Fish & Wildlife, The Nature Conservancy and volunteers have banded together to catch every single rabbit still living and administer the vaccine. Their efforts met with great success in 2021, although they remain ongoing to ensure their survival.*

24-70 mm f/2.8 Lens - 1/125 sec at f/8 ISO 125

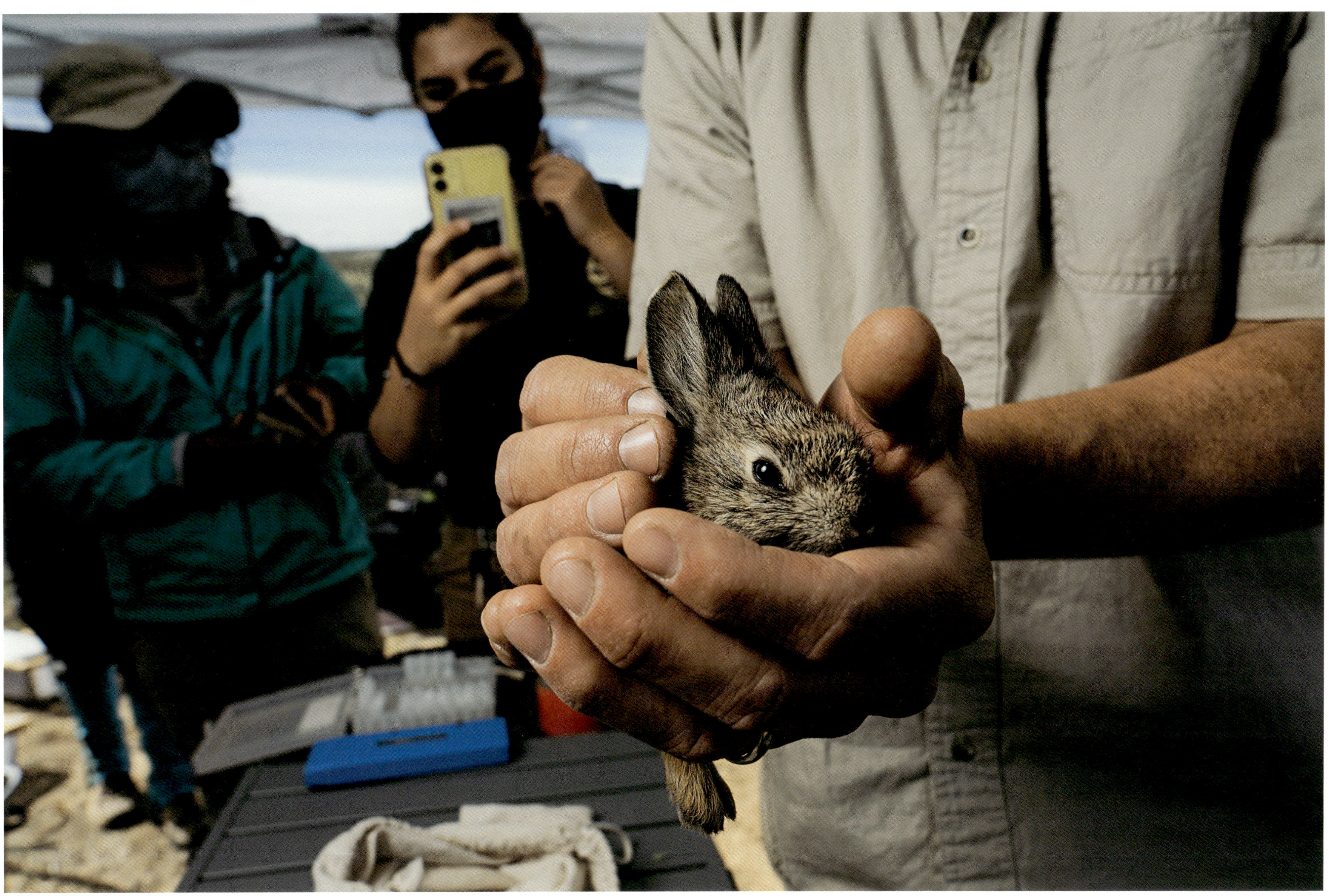

MONDES MARINS

OCEAN WORLDS

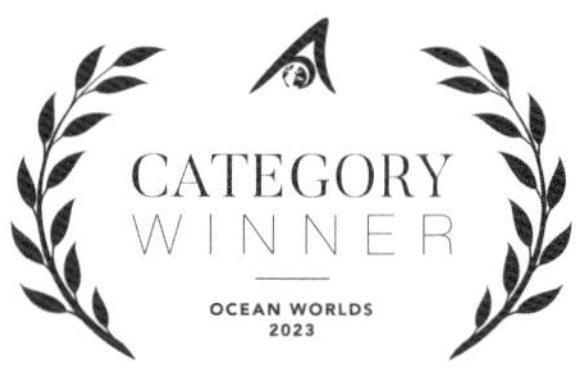

Simon Biddie

My Kingdom, 2022
Los Islotes, parc national d'Espiritu Santo, Mexique
Los Islotes, Espiritu Santo National Park, Mexico

" Les otaries de Californie mâles se distinguent des femelles : ils sont de plus grande taille, ont un cou épais et possèdent une crête sagittale grise saillante. Pendant la saison des amours, les mâles dominants deviennent territoriaux et protègent leur harem, qui peut compter jusqu'à 30 femelles. Lors de cette plongée, ce mâle s'est montré curieux de notre présence, nous acceptant pendant une longue période, s'approchant occasionnellement pour nous inspecter. À Los Islotes, dans le parc national d'Espiritu Santo, au Mexique, l'otarie de Californie est protégée par la loi depuis 1994. Intégrée à l'Aire de protection de la faune et de la flore des îles du golfe de Californie (APFF-IGC), la région est une zone interdite à la pêche, sous juridiction de la Commission nationale des aires naturelles protégées (CONANP), ce qui a notamment un effet positif sur les sources de nourriture des prédateurs tels que les bancs de sardines. L'île d'Espiritu Santo fait également partie du patrimoine mondial de l'UNESCO depuis 2005 et a été déclarée parc marin national en 2007. Grâce à ces efforts, la colonie d'otaries de Los Islotes s'est agrandie. Estimée entre 400 et 800 individus, c'est l'une des colonies les plus stables dans la région. Bien que la limitation de l'activité humaine directe ait énormément profité à la population d'otaries de Californie à Espiritu Santo, leur espèce continue d'être menacée par le changement climatique.

" *Male California sea lions are distinct from female sea lions; they are larger in size, have thick necks and possess a protruding, grey sagittal crest. During mating season the dominant males become territorial and protect their harem, which can count up to 30 females. On this dive, this particular male was curious about our presence which allowed us to stay for an extended period, whilst occasionally coming closer to inspect us. At Los Islotes, in the Espiritu Santo National Park, Mexico, the California sea lion has been protected under Mexican law since 1994. As part of the Islas del Golfo de California Flora and Fauna Protection Area (APFF-IGC), the area is a no-take zone enforced by La Comisión Nacional de Áreas Naturales Protegidas (CONANP), which positively impacts predators' food sources such as sardine shoals. Espiritu Santo Island is also a UNESCO World Heritage site since 2005 and was declared a National Marine Park in 2007. Thanks to these efforts, the sea lion colony at Los Islotes has expanded and is estimated at 400 - 800 individuals, making it now one of the most stable colonies in the area. While restricting direct human activity has hugely benefited the California sea lion population in Espiritu Santo, their numbers continue to be threatened by climate change.*

8-15 mm f/3.5-4.5 Lens - 1/250 sec at f/11 ISO 1250

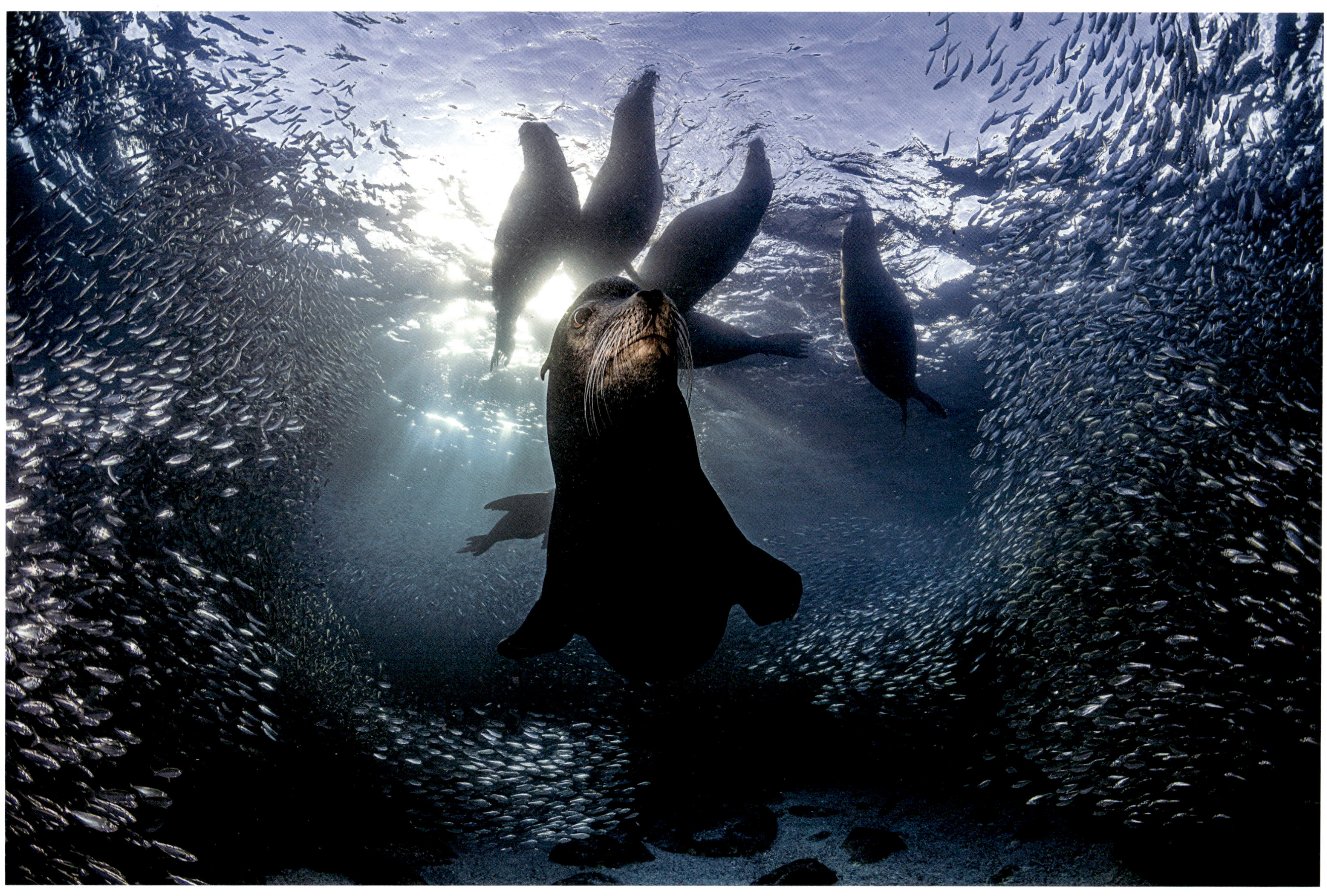

Franco Banfi
Life Cycle, 2019
Ténériffe, Espagne – Tenerife, Spain

❝ Quand j'ai repéré cette baleine pilote femelle à nageoires courtes portant son baleineau mort, ils étaient entourés par les autres membres de leur groupe. J'étais vraiment triste d'être témoin de sa douleur mais j'ai été touché par la cohésion de ces animaux qui ont soutenu et consolé la mère pendant sa nage interminable. Aussi connus sous le nom de globicéphales *(Globicephala macrorhynchus)*, ces mammifères marins sont très sociables et curieux. Les membres du groupe sont fortement liés les uns aux autres et partagent toutes leurs activités : le repos, la chasse, la communication, les jeux, les déplacements… et les deuils. Après quelques jours, deux femelles portant leurs petits mort-nés ont été aperçues en pleine mer, errant longuement, réticentes à les abandonner. Le mâle nous a maintenus, moi et les autres plongeurs, à bonne distance des deux femelles ; il n'a jamais été agressif, mais sa volonté de protéger les deux mères était évidente. La douleur de tout le groupe m'a brisé le cœur.

❝ *I spotted this female short-finned pilot whale carrying her dead calf. They were surrounded by other members of the group. It was really sad to witness her pain but I was touched by the cohesion of the members in exhorting and consoling the mother during her endless swim. Short-finned pilot whales* (Globicephala macrorhynchus) *are very social marine mammals and have inquisitive attitudes. Members of the pod are strongly connected to each other and they do everything together: rest, hunt, socialise, play, travel… and burial. After some days, two females carrying their still-born babies were spotted wandering for a long time in the open sea, reluctant to let them go. The male kept me and the other divers at a good distance from the two females; he was never aggressive, but his intent to protect the two mothers was clear. It was heartbreaking to witness the entire group's pain.*

MENTION DU JURY / JURY'S DISTINCTION

16-35 mm f/4 Lens - 1/250 sec at f/35 ISO 1250

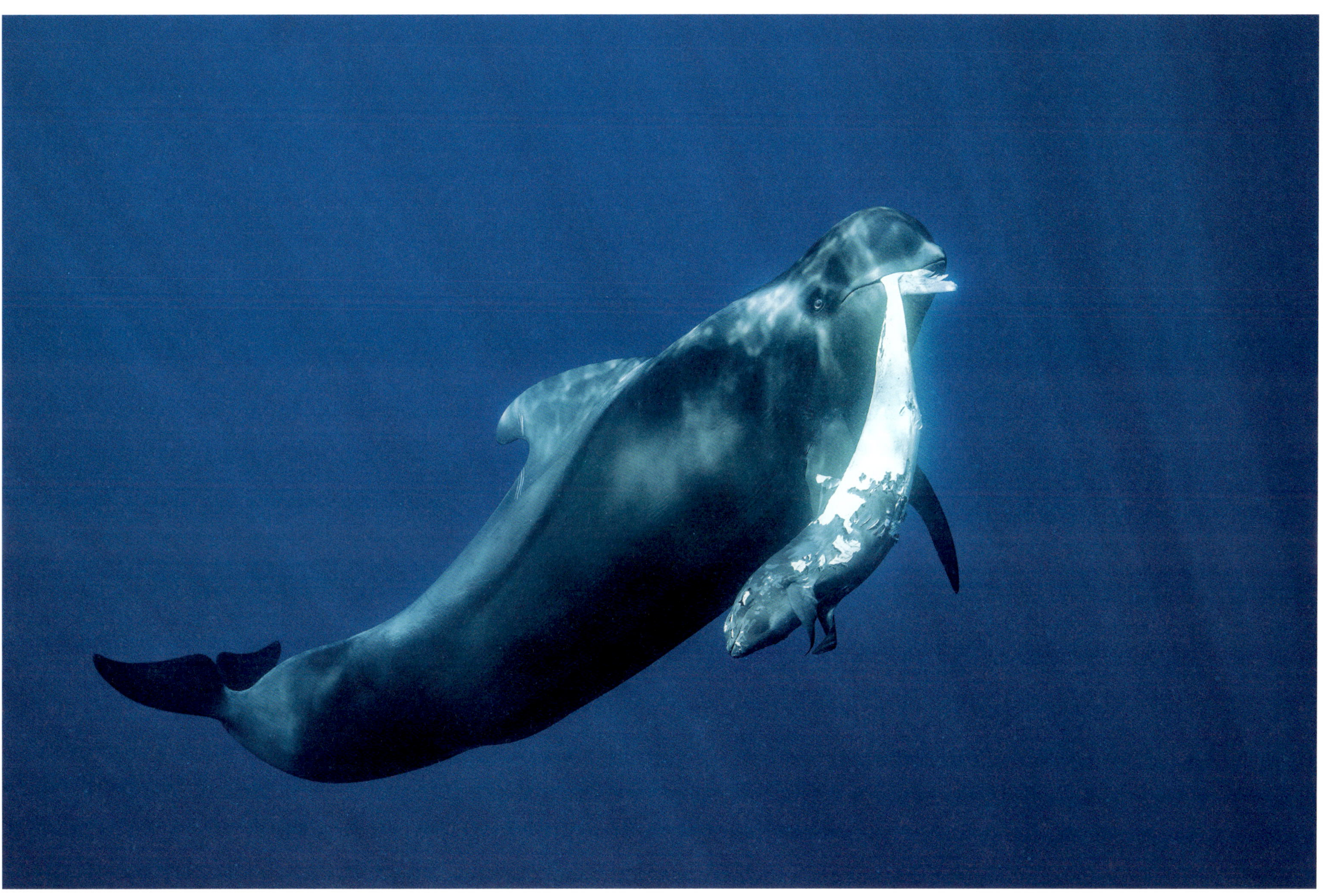

Suliman Alatiqi
Party of Three, 2022
Koweït – Kuwait

66 Cette photo a été prise sur le site isolé des Oil Rigs dans les eaux koweïtiennes, à l'est de l'île de Qaruh. Les plateformes pétrolières désormais inactives sont devenues un important récif artificiel au Koweït, attirant plongeurs et pêcheurs. Lors d'une plongée, j'ai remarqué ces trois poissons-cochers à longues nageoires *(Heniochus acuminatus)* grignotant une méduse, probablement venue se nourrir des petits crustacés vivant là.

66 *This photo was taken at the remote Oil Rigs site in Kuwaiti waters, east of Qaruh Island. The inactive oil rigs have come to represent an important artificial reef in Kuwait, attracting divers and fishermen alike. During a dive there I noticed these three Longfin Bannerfish* (Heniochus acuminatus) *nibbling on the jellyfish, possibly feeding on tiny crustaceans that live there.*

MENTION DU JURY / JURY'S DISTINCTION

8-15 mm f/3.5-4.5 Lens - 1/200 sec at f/11 ISO 500

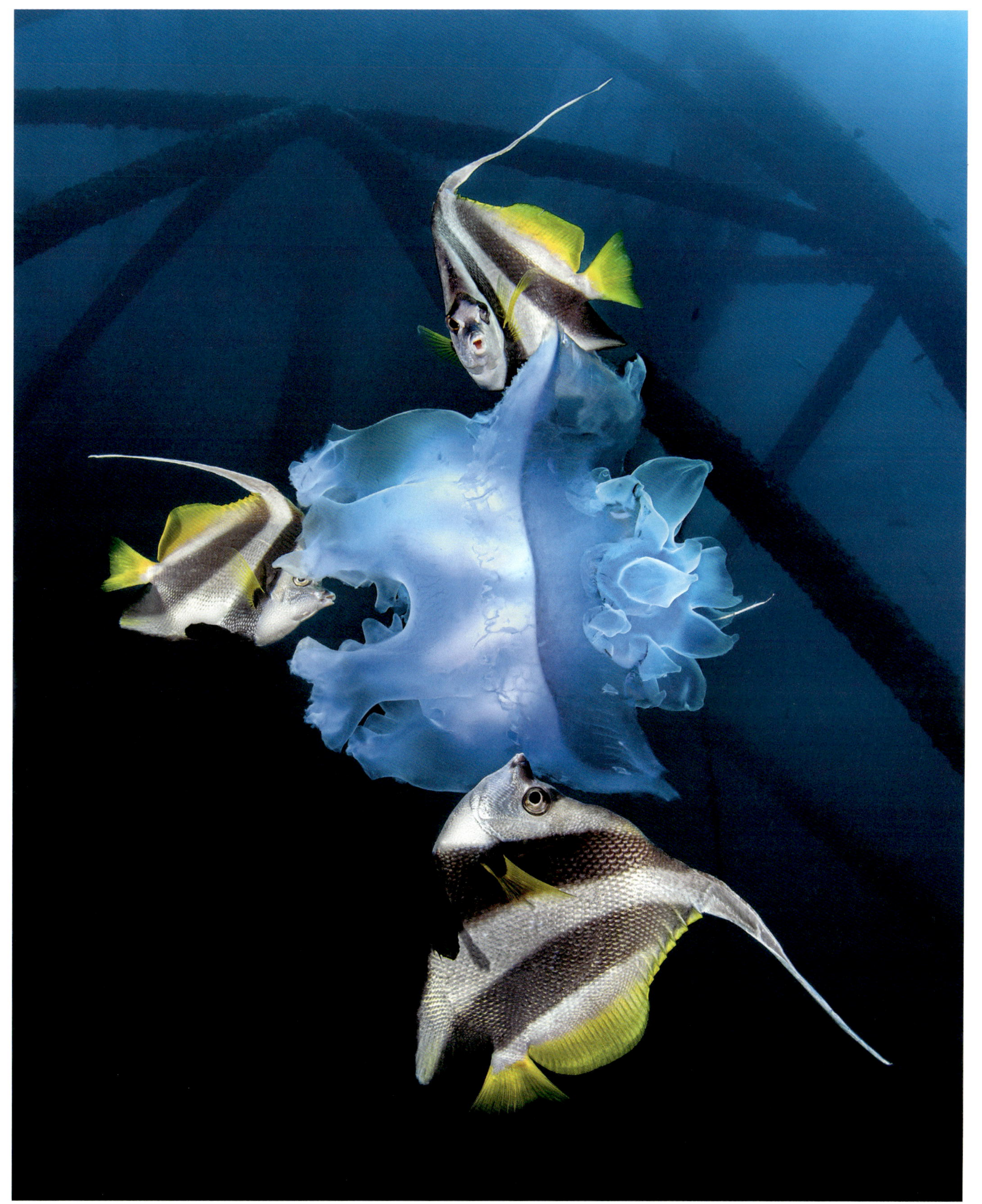

Suliman Alatiqi
Reconnaissance, 2022
Île San Benedicto, Archipel de Revillagigedo, Mexique
Isla San Benedicto, Revillagigedo Archipelago, Mexico

“ Le fou brun *(Sula leucogaster)* passe une grande partie de sa vie en haute mer où il se nourrit de petits poissons et se repose souvent à la surface de l'eau. On peut fréquemment voir ces oiseaux immerger leur tête à la recherche de nourriture. Ayant remarqué ce manège lors d'une plongée, j'ai consacré quelques jours à les photographier, apprenant comment les approcher en les effrayant le moins possible. Cet oiseau en particulier ne cessait de plonger sa tête à intervalles réguliers et j'ai attendu de façon à essayer d'obtenir ses deux yeux regardant vers le bas.

“ *Brown booby (Sula leucogaster) spend a significant portion of their lives out at sea where they feed on small fish and are often found resting on the water's surface. These birds can often be seen submerging their heads looking for food. Having noticed this during a diving trip, I committed some time to photographing them underwater where I also learned the best approach to avoid scaring them away. This particular bird kept dipping its head at short intervals and I waited in position to try and get both of its eyes looking down.*

8-15 mm f/3.5-4.5 Lens - 1/250 sec at f/16 ISO 250

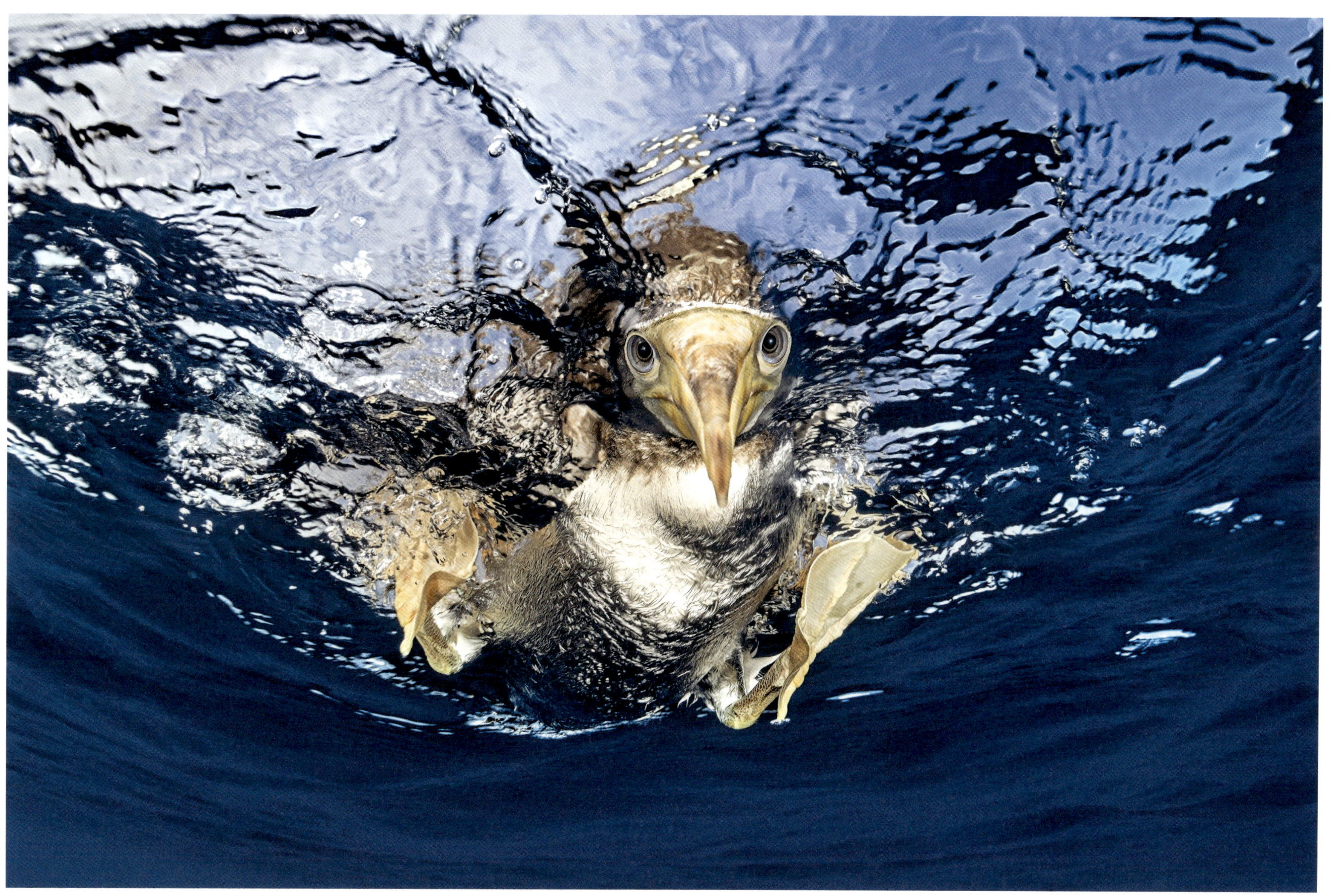

Franco Banfi
Hunting, 2019
Baie de Magdalena, péninsule de Basse-Californie, Mexique
Magdalena Bay, Baja California Peninsula, Mexico

66 Troisième poisson le plus rapide, le marlin rayé *(Tetrapturus audax)* est une espèce qui passe la majeure partie de son temps en surface. Il peut peser jusqu'à 180 kilogrammes et mesurer plus de quatre mètres. Ici, il s'apprête à attaquer un banc de sardines *(Sardinops sagax)* qui a été au préalable encerclé de façon à former une masse compacte. Le prédateur n'a ensuite plus qu'à mettre en pratique sa technique de chasse originale : en se servant de son rostre, il bouscule les poissons, les assomme puis les avale. J'ai toujours été fasciné par ce poisson élancé et j'ai voulu relever le défi de documenter certains de ses incroyables comportements. En tant que photographe, je suis captivé par sa capacité à moduler, en un clin d'œil, les couleurs de ses 12 à 16 rayures verticales, s'illuminant d'un bleu classique à un bleu phosphorescent ou lavande, par la contraction ou l'expansion de ses chromatophores (cellules pigmentées).

66 *Third fastest fish in the ocean, the striped marlin* (Tetrapturus audax) *is a species that spends most of its time near the surface. It can weigh up to 180 kg and measure over 4 metres. Here it is about to attack a sardine bait ball* (Sardinops sagax) *that has previously been encircled to form a compact mass. The predator then has only to put into practice its original hunting technique: using its rostrum it bumps into the fish, knocks them out and then swallows them. I've always been fascinated by this elongated fish and wanted to take on the challenge to document some of its unbelievable behaviour. As a photographer I'm captivated by its ability to change the colour patterns of its 12-16 blue vertical bars in just a blink of an eye, since they light up from regular blue to a phosphorescent blue or lavender, through contracting or expanding their chromatophores (special pigmented cells).*

8-15 mm f/4-4 Lens - 1/800 sec at f/15 ISO 1000

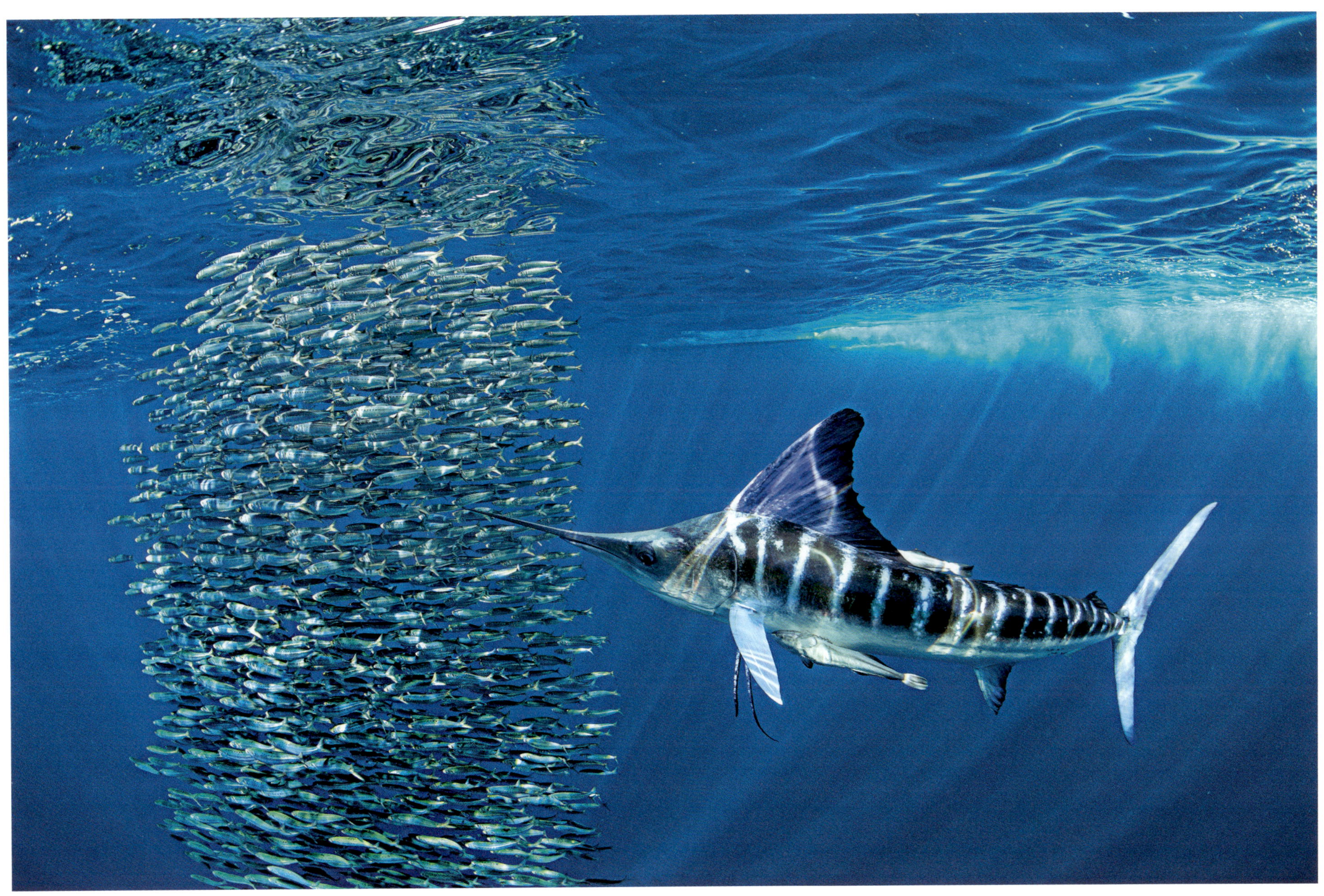

Sirachai Arunrugstichai
Venomous Shelter, 2021
Phuket, Thaïlande – Phuket, Thailand

66 Dans le courant, un poisson-clown rose *(Amphiprion perideraion)* s'abrite parmi les tentacules urticants de son hôte, une magnifique anémone de mer *(Heteractis magnifica)*, dans les récifs de pinacles immergés au large de Phuket, en Thaïlande. L'anémone de mer et le poisson-clown se rendent mutuellement service : l'anémone de mer abrite et protège le poisson-clown tandis qu'il lui apporte des nutriments, élimine ses parasites et effraie les potentiels prédateurs.

66 *In the flowing current, a pink skunk clownfish* (Amphiprion perideraion) *takes shelter among the stinging tentacles of its host, a magnificent sea anemone* (Heteractis magnifica) *in the reefs of submerged pinnacles off the shore from Phuket, Thailand. The sea anemone and clownfish form a mutualistic relationship: the sea anemone shelters and protects the clownfish while the latter provides nutrients, eliminates its parasites, and scares off potential predators.*

60 mm f/2.8 Lens - 1/10 sec at f/25 ISO 640

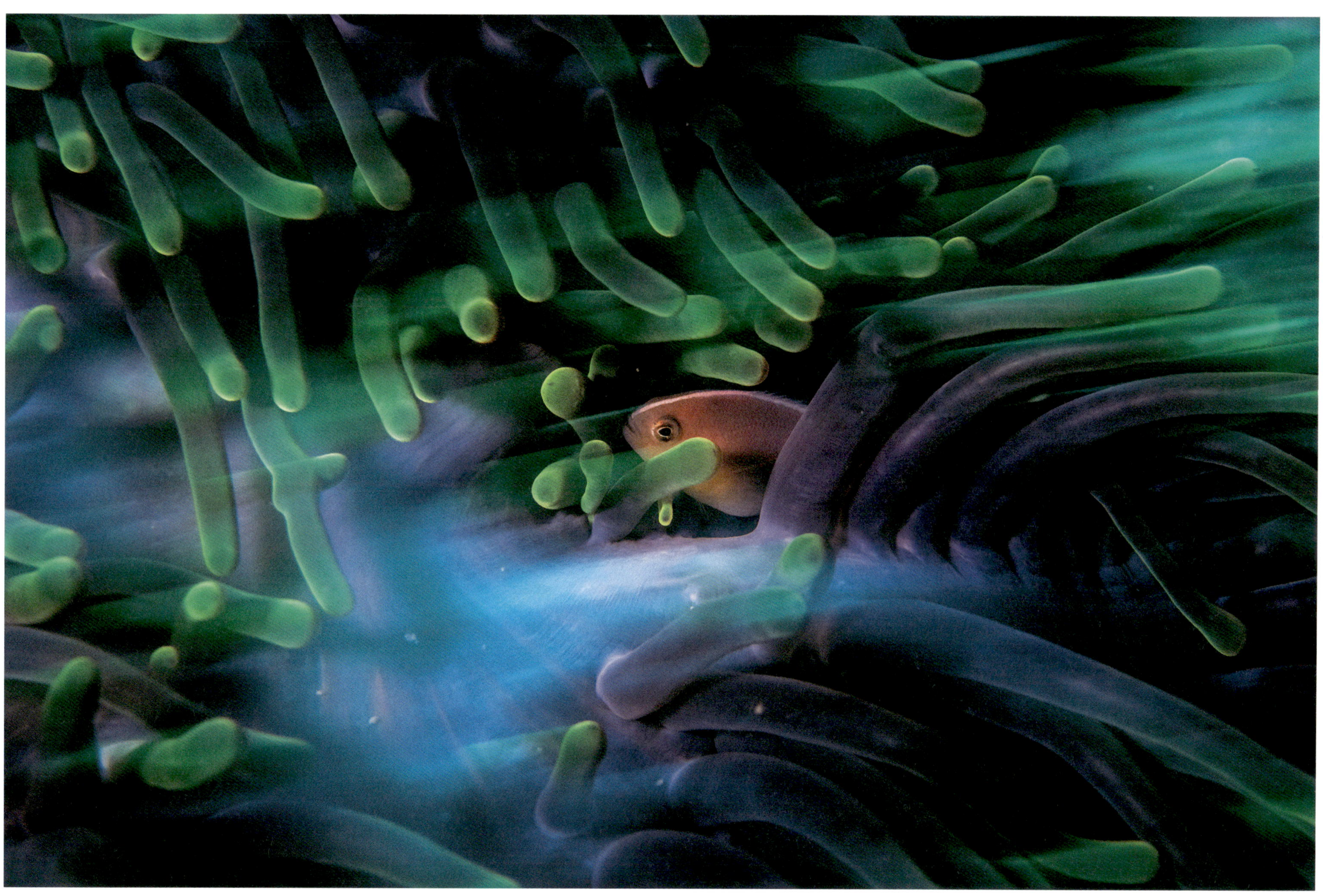

Tom Shlesinger
Goliath in Lilliput, 2021
Floride, États-Unis – Florida, United States

“ Les mérous goliaths de l'Atlantique *(Epinephelus itajara)* sont des poissons massifs, qui peuvent vivre des dizaines d'années, atteindre 2,5 mètres de long et peser jusqu'à 360 kilogrammes. Ils se rassemblent en grand nombre le long de la côte atlantique en Floride, aux États-Unis, chaque année aux mêmes endroits pour se reproduire. Il y a plusieurs décennies, à la suite d'un grave déclin de la population de mérous géants, la Floride a interdit leur pêche, permettant de restaurer leur population. Aujourd'hui, de nouvelles directives prévoient la réouverture de la pêche, ce qui pourrait à nouveau mettre leur avenir en danger. Cette scène m'a rappelé un moment des *Voyages de Gulliver* quand celui-ci arrive à Lilliput et avance prudemment pour ne pas marcher sur les petits Lilliputiens. J'ai observé ce grand mérou qui nageait calmement à travers l'énorme banc de petits pêches-cavales, ignorant les poissons tourbillonnants, à la recherche de proies plus imposantes.

“ *Atlantic goliath groupers* (Epinephelus itajara) *are massive fish that can live for decades, grow to 2.5 metres in length and weigh up to 360 kilograms. They gather in large numbers along the Atlantic coast in Florida, United States, returning to the same breeding ground every year. Several decades ago, following a serious decline in the giant grouper population, Florida banned fishing them, allowing the population to recover. Today, new guidelines call for the reopening of the fishery, which could once again put their future at risk. This scene reminded me of a moment in* Gulliver's Travels *when he arrives in Lilliput and moves carefully so as not to step on the little Lilliputians. I watched as this large grouper calmly swam through the huge school of small bigeye scads, ignoring the swirling fish, in search of larger prey.*

16-35 mm f/2.8 Lens - 1/15 sec at f/16 ISO 50

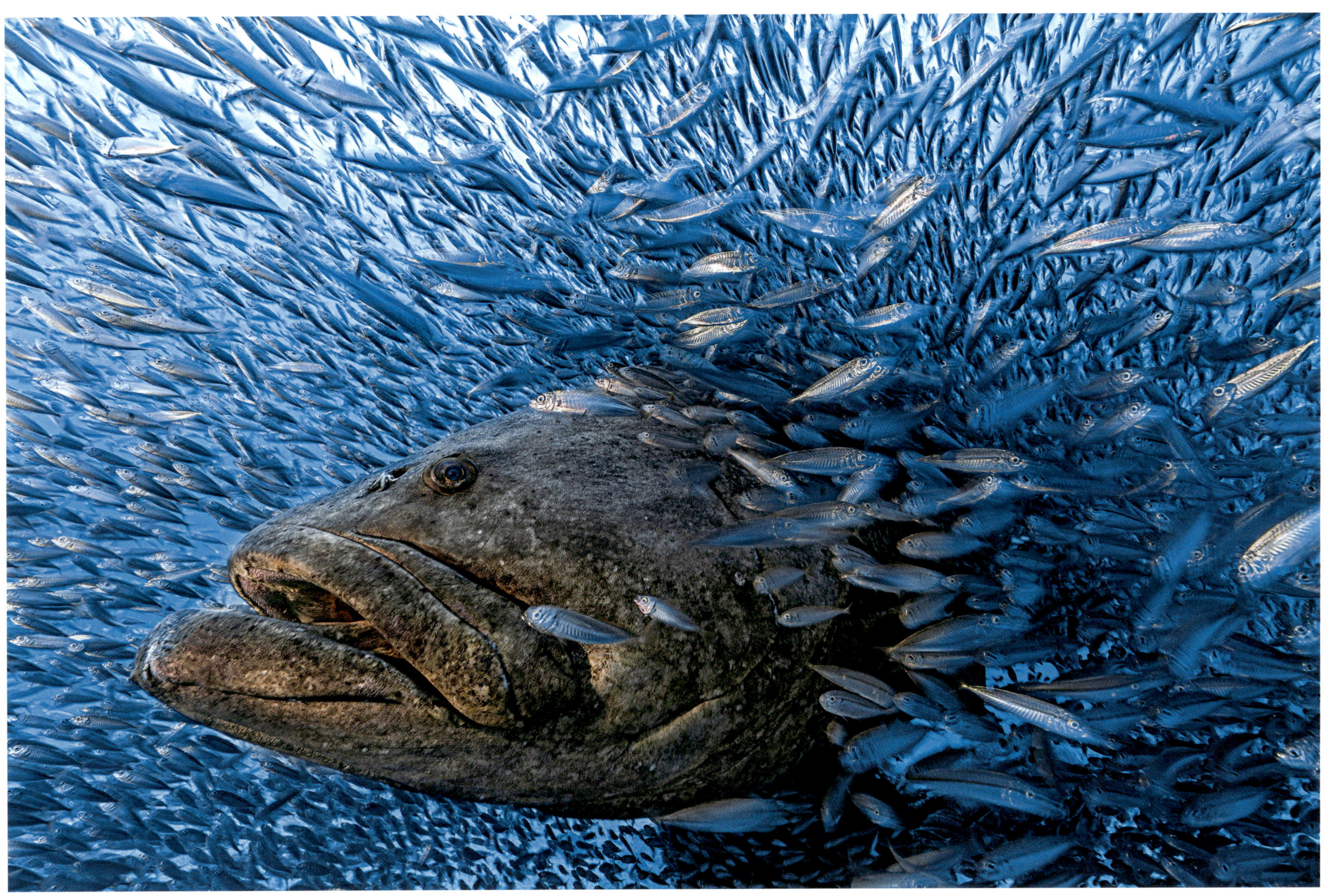

AU CŒUR DE LA FORÊT

INTO THE FOREST

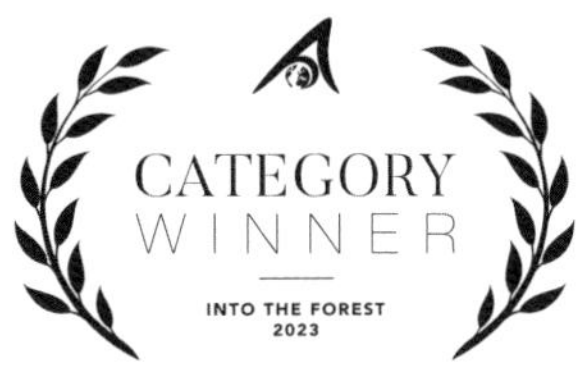

Kallol Mukherjee
Falling Leaves are Blue, 2018
Himalaya, Inde – Himalaya, India

66 Cette tempête de neige a été photographiée dans l'Himalaya à 4 267 mètres d'altitude. Une nuée d'oiseaux Grandala *(Grandala coelicolor)* envahit le paysage, alors que cette espèce évolue généralement bien au-dessus de 4 572 mètres d'altitude. Les grandalas peuvent descendre jusqu'à 2 400 mètres d'altitude lorsque les zones supérieures de l'Himalaya sont enneigées et qu'il ne leur reste plus suffisamment de nourriture. Dans les zones de plus basse altitude, ils retrouvent leur source première de nourriture, les fruits appelés nerprun. Le vol synchronisé, ou les « murmurations », de ces oiseaux rares sont toujours un régal pour les yeux. Ils évoluent ainsi pour se protéger de leurs prédateurs principaux dans ces régions élevées de l'Himalaya : aigles royaux, buses et autres rapaces. Leur sécurité et leur existence dépendent de cette danse symétrique. À intervalles réguliers, ces oiseaux, ressemblant à des nuages de feuilles bleues, virevoltent dans les montagnes enneigées et les jungles de l'Himalaya.

66 *This snowstorm was captured in the Himalayas at an altitude of 4,267 meters. A flock of Grandala birds (Grandala coelicolor) fills the landscape although this species usually lives well above 4,572 meters. Grandalas can descend to 2,400 meters when the upper Himalayas are completely covered with snow and there is not enough food left. In the lower areas, they find their primary source of food, the fruit called buckthorn. These rare birds' synchronised flight, or 'murmuration', is always a treat for the eyes. They fly this way to protect themselves from their main predators: golden eagles, buzzards and other raptors in those higher Himalayan regions. Their safety and existence depend on this symmetrical dance. At regular intervals these birds, resembling sets of blue leaves, swirl through the snow-capped mountains and jungles of the Himalayas.*

300 mm f/4 Lens - 1/800 sec at f/5 ISO 2000

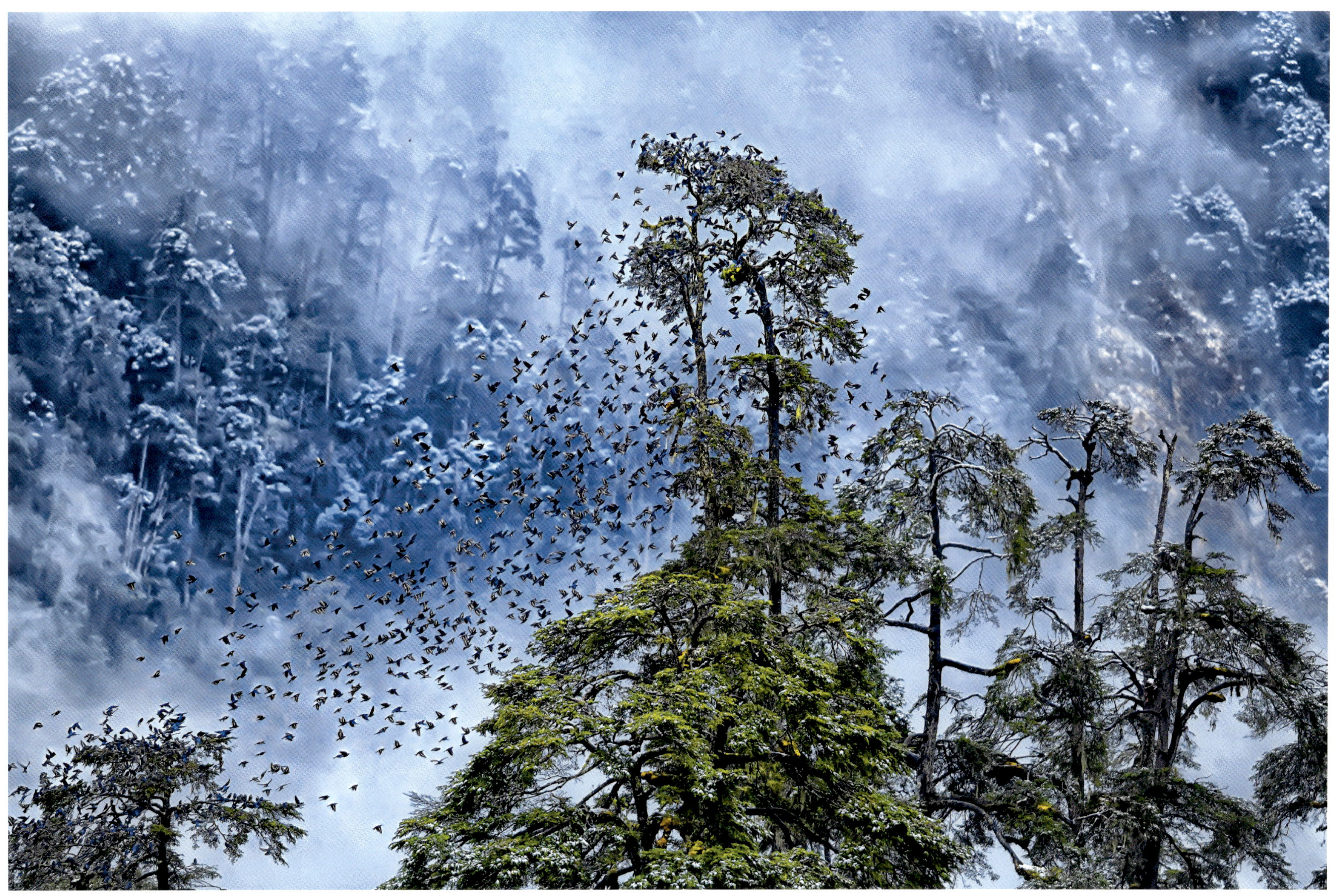

Soumya Ranjan Bhattacharyya
Have You Ever Seen the Rain?, 2022
Amboli, Maharashtra, Inde – Amboli, Maharashtra, India

66 Le gecko *(Cyrtodactylus deccanensis)* est une espèce endémique des Ghâts occidentaux en Inde. J'ai photographié ce gecko terrestre à bandes dans la forêt tropicale d'Amboli, par une soirée bruineuse. Alors que j'errais à la recherche de sujets à photographier pendant la mousson, je suis tombé sur cette élégante créature nocturne. Elle était perchée sur une roche moussue. Un autre gecko se trouvait dans la crevasse d'un mur près d'un arbre. Ces animaux insectivores d'environ 15 centimètres de long recherchent des températures chaudes et humides.

66 *The Deccan Banded Gecko* (Cyrtodactylus deccanensis) *is an endemic species of the Western Ghats in India. I photographed this banded ground gecko in the Amboli rainforest on a drizzly evening. As I was wandering around looking for subjects to photograph during the monsoon, I came across this elegant nocturnal creature. It was perched on a mossy rock. Another gecko was in the crack of a wall near a tree. These insectivorous animals are about 15 centimetres long and seek warm and humid temperatures.*

MENTION DU JURY / JURY'S DISTINCTION

105 mm f/2.8 Lens - 1/1000 sec at f/7.1 ISO 1600

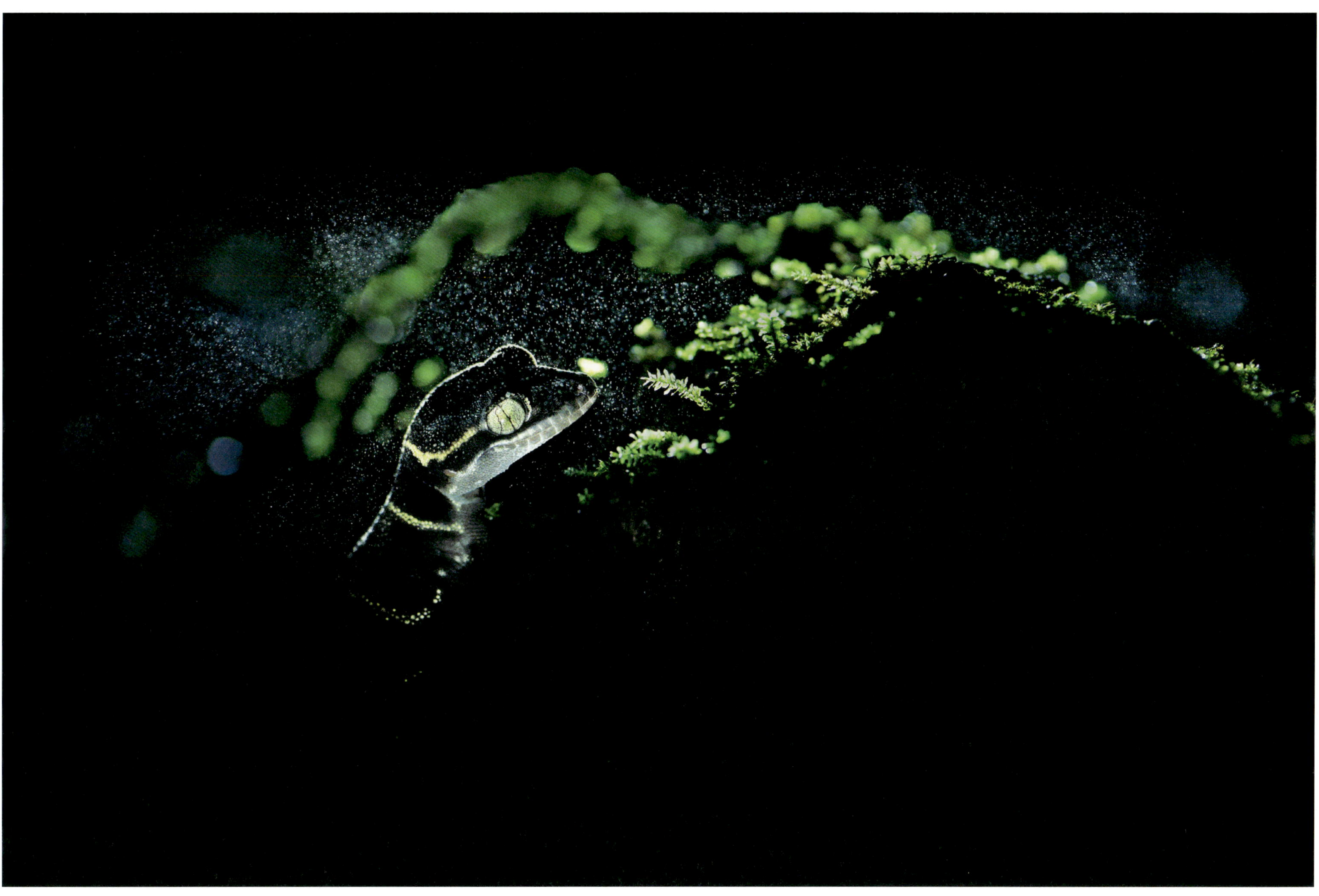

Clément Fontaine
Predator versus Predator, 2021
Région du Pantanal, Brésil – Pantanal region, Brazil

66 Après avoir suivi ce jaguar *(Panthera onca)* pendant près d'une journée entière en bordure de rivière, nous l'avons soudainement vu sauter dans l'eau et commencer à se battre avec ce caïman. La lutte a pris fin lorsque le jaguar est parvenu à enfoncer ses crocs dans la gorge du reptile. Assurant sa prise, il l'a ensuite traîné sur la rive. Le jaguar est un animal emblématique du Brésil. S'il n'est pas le plus gros des félins, il est en revanche le plus puissant avec sa mâchoire capable de broyer le crâne de ses victimes. C'est aussi un superprédateur indispensable pour le maintien de l'équilibre de l'écosystème. Victime de la déforestation et de la chasse, il a quasiment disparu des forêts atlantiques de la côte brésilienne et sa présence se raréfie sans cesse, même au sein de l'Amazonie. Aujourd'hui inscrite au patrimoine mondial de l'UNESCO, la plaine du Pantanal Nord est un des rares lieux d'Amérique où l'on peut encore observer le jaguar dans son habitat naturel.

66 *After following this jaguar (Panthera onca) along the river for almost a whole day, we suddenly saw it jump into the water and start fighting with this caiman. The struggle ended when the jaguar managed to sink its fangs into the reptile's throat. Securing its grip, the feline then dragged the caiman to the shore. The jaguar is an emblematic animal of Brazil. Although it is not the largest of felines, it is the most powerful, with a jaw capable of crushing its victims' skull. It is also a super-predator, essential for maintaining the balance of the ecosystem. A victim of deforestation and hunting, it has almost disappeared from the Atlantic forests of the Brazilian coast and its presence is becoming increasingly rare, even in the Amazon. Now a UNESCO World Heritage Site, the Northern Pantanal Plain is one of the few places in America where the jaguar can still be seen in its natural habitat.*

MENTION DU JURY / JURY'S DISTINCTION

150-600 mm f/5-6.3 Lens - 1/640 sec at f/5.3 ISO 500

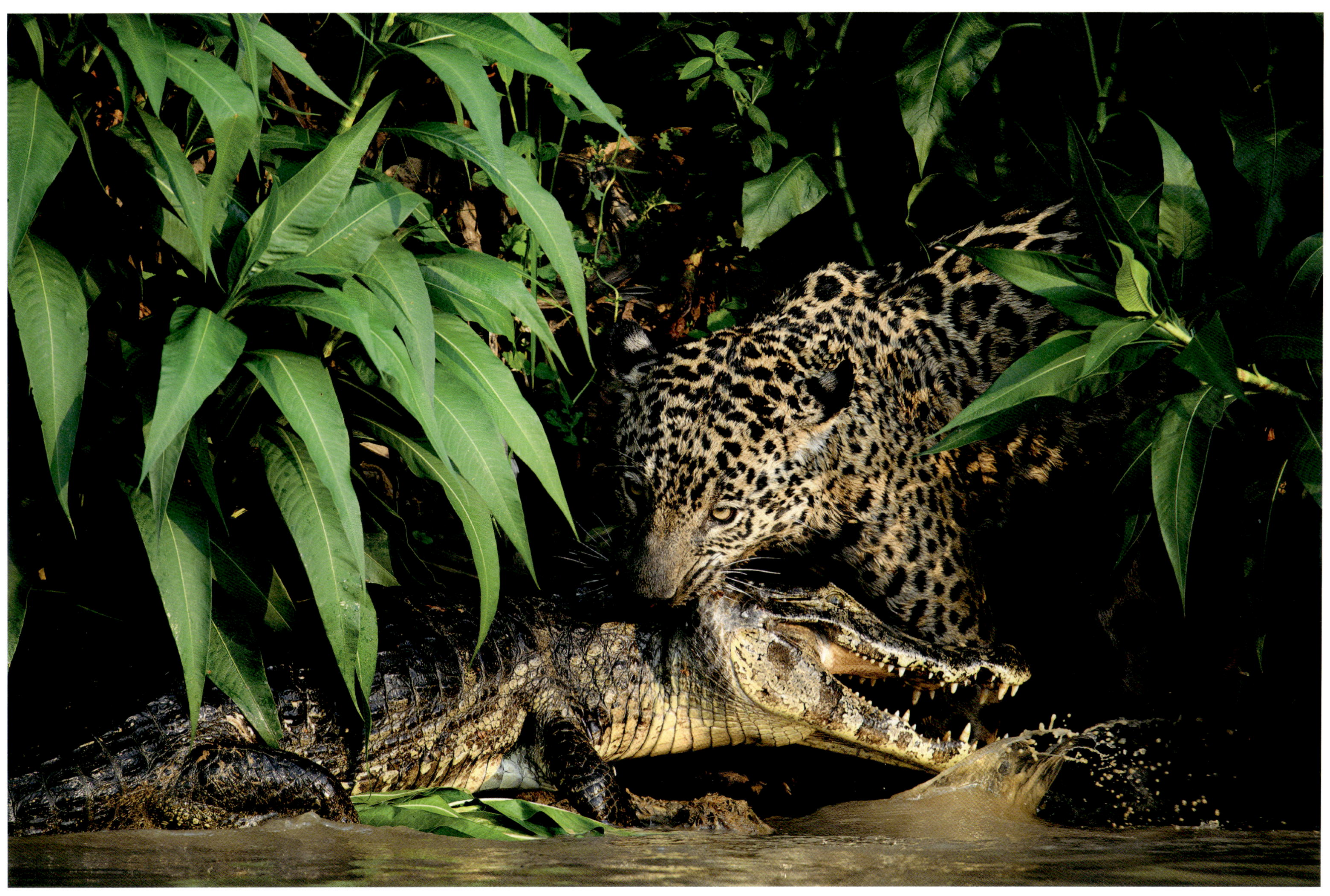

Agorastos Papatsanis

Magical World of Amanita, 2022
Péninsule de Chalcidique, nord de la Grèce – Chalkidiki peninsula, Northen Greece

“ Lors de saisons d'automne aussi pluvieuses que cette année, on peut voir beaucoup d'*Amanita muscaria* dans les forêts, en particulier les forêts d'épicéas. Ce « champignon magique » doit son surnom aux hallucinogènes qu'il contient et pousse généralement en cercles qu'on appelle des « ronds de sorcières ». À maturité, le chapeau mesure généralement entre 8 et 20 centimètres de diamètre et le pied mesure jusqu'à 20 centimètres de haut. C'est l'un des champignons les plus connus au monde. Ce que je recherche dans mon travail, c'est de montrer les champignons dans leur environnement naturel avec un regard différent, proche de l'illusion d'optique, pour faire ressortir leur féérie.

“ *During autumns as rainy as this year's you can see many* Amanita muscaria *in the forests, especially in spruce forests. This "magic mushroom" owes its nickname to the hallucinogens it contains and usually grows in circles called "fairy rings", "elf rings" or "pixie rings". At full maturity, the cap is usually between 8 and 20 centimetres in diameter and the stem is up to 20 centimetres high. It is one of the best-known mushrooms in the world. What I am seeking is to show the mushrooms in their natural landscape with a different look, with a dose of delusion, stealing something from their fairy tale.*

70-200 mm f/2.8 Lens - 1/5 sec at f/20 ISO 200

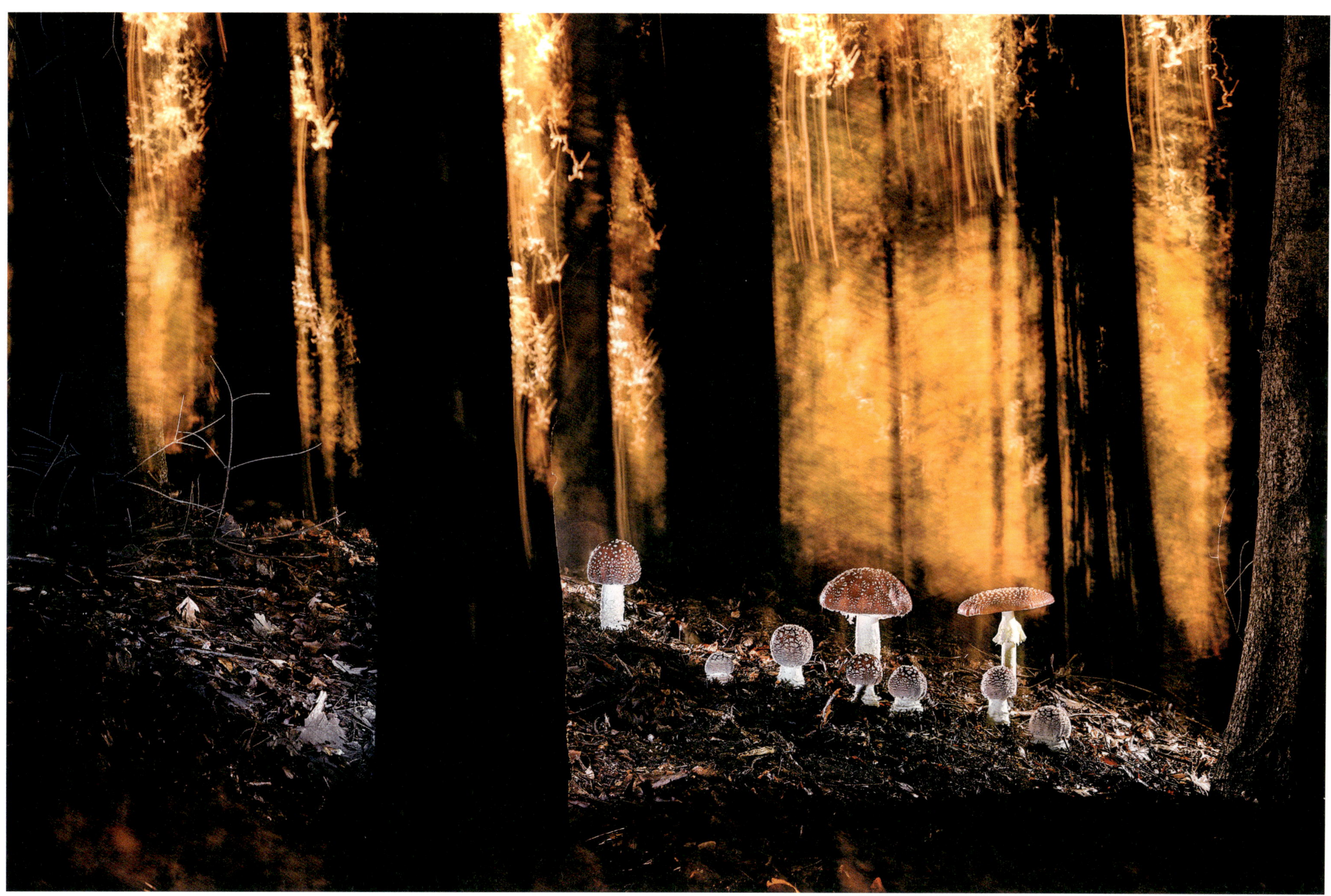

Soumya Ranjan Bhattacharyya
The Aura, 2022
Amboli, Maharashtra, Inde – Amboli, Maharashtra, India

66 La grenouille planante de Malabar *(Rhacophorus malabaricus)* est une grenouille de couleur vert vif que l'on trouve généralement près des eaux stagnantes. Elle est endémique des Ghâts occidentaux en Inde. Les fines membranes qui relient ses doigts lui permettent de planer dans les airs sur une distance pouvant atteindre 9 à 12 mètres et son squelette flexible est conçu pour amortir le choc de l'atterrissage. Cette espèce construit des nids de mousse au-dessus de petits plans d'eau dans lesquels tombent les têtards au moment de l'éclosion.

66 *The Malabar gliding frog* (Rhacophorus malabaricus) *is a bright green frog usually found near stagnant water. They are endemic to the Western Ghats in India. The thin membranes that connect their fingers allow them to glide through the air for up to 9-12 metres and their flexible skeleton is designed to cushion the shock of landing. This species builds gelatinous foam nests over small bodies of water into which the tadpoles fall when they hatch.*

---

20 mm f/1.8 Lens - 1/10 sec at f/5 ISO 250

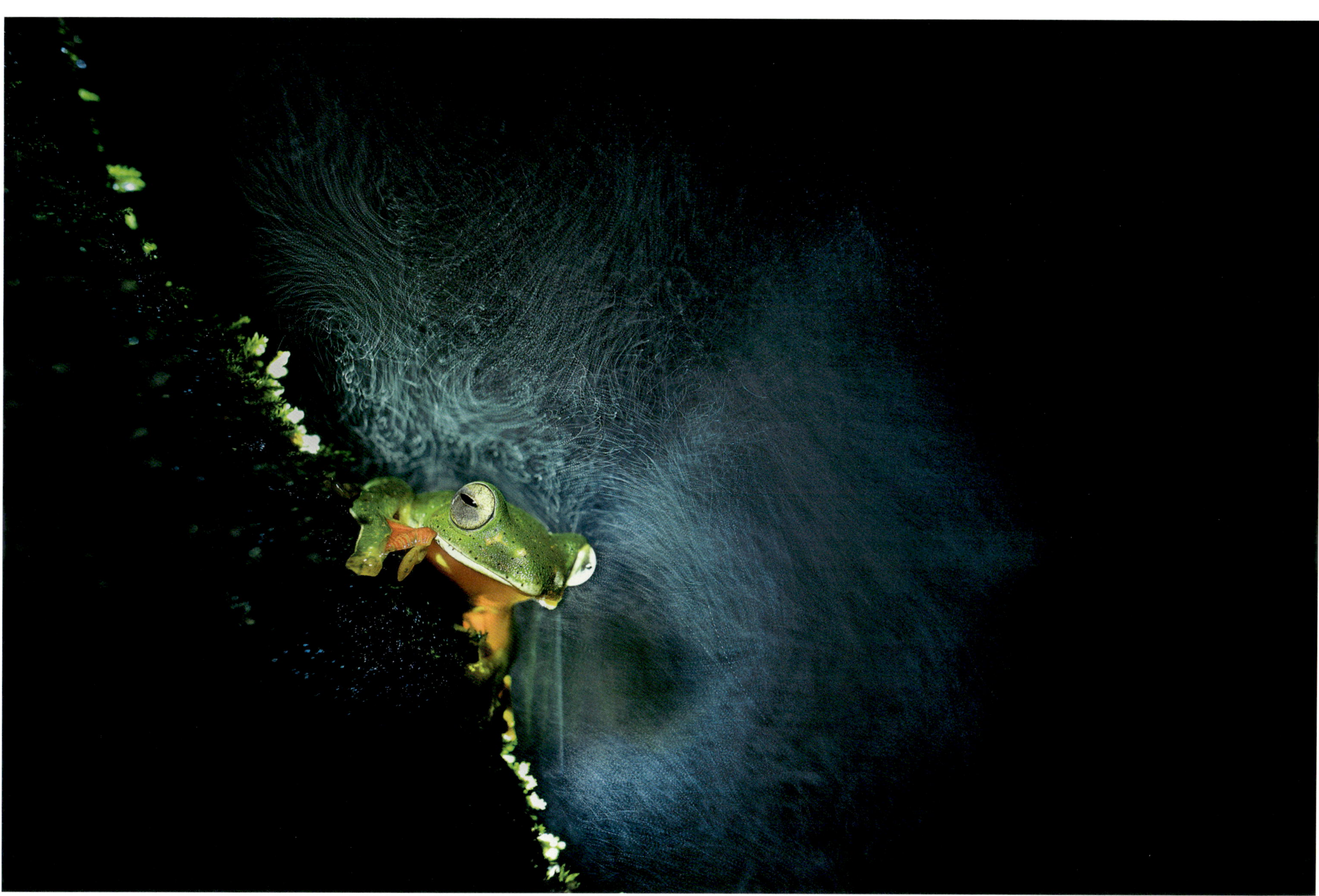

Julien Faure
Monarch Butterfly Colony, 2022
État de Michoacan, Mexique – Michoacan State, Mexico

66 Au Mexique, à plus de 3 000 mètres d'altitude, des millions de papillons monarques migrateurs *(Danaus plexippus)* trouvent refuge chaque hiver dans la réserve forestière sanctuarisée d'El Rosario. Après un voyage de 4 000 kilomètres depuis le Canada, ils atteignent les montagnes mexicaines en novembre où ils passent l'hiver. Face à la rigueur des températures nocturnes, ils se collent les uns aux autres pour se tenir chaud. Les branches des conifères plient sous leur poids et se parent d'orange et de noir, les couleurs caractéristiques de leurs ailes. Les papillons restent dans la réserve jusqu'à la fin mars avant d'entreprendre le voyage retour vers le nord. Quatre générations se succèdent pour effectuer cette incroyable migration. En 2022, le papillon monarque a rejoint la Liste rouge des espèces menacées de l'Union Internationale pour la Conservation de la Nature (UICN). La destruction de son habitat, le changement climatique ainsi que la raréfaction de l'asclépiade, plante qui constitue sa première source de nourriture, à cause des pesticides, sont les principales menaces pour la survie du papillon monarque.

66 *In Mexico, at an altitude of over 3,000 metres, millions of migratory monarch butterflies* (Danaus plexippus) *find refuge each winter in the El Rosario forest sanctuary. After a 4,000-kilometre journey from Canada, they reach the Mexican mountains in November, and spend the winter there. Faced with the harsh night-time temperatures, they huddle together to keep warm. The conifers' branches bend under their weight and turn orange and black, the characteristic colour of their wings. The butterflies remain in the reserve until the end of March before making the return journey North. Four generations follow one another on this incredible migration. In 2022, the monarch butterfly joined the International Union for Conservation of Nature's (IUCN) Red List of Threatened Species. Habitat destruction, climate change and pesticide-induced depletion of the milkweed plant, its main food source, are the primary threats to the monarch butterfly's survival.*

18 mm f/2 Lens - 1/160 sec at f/14 ISO 800

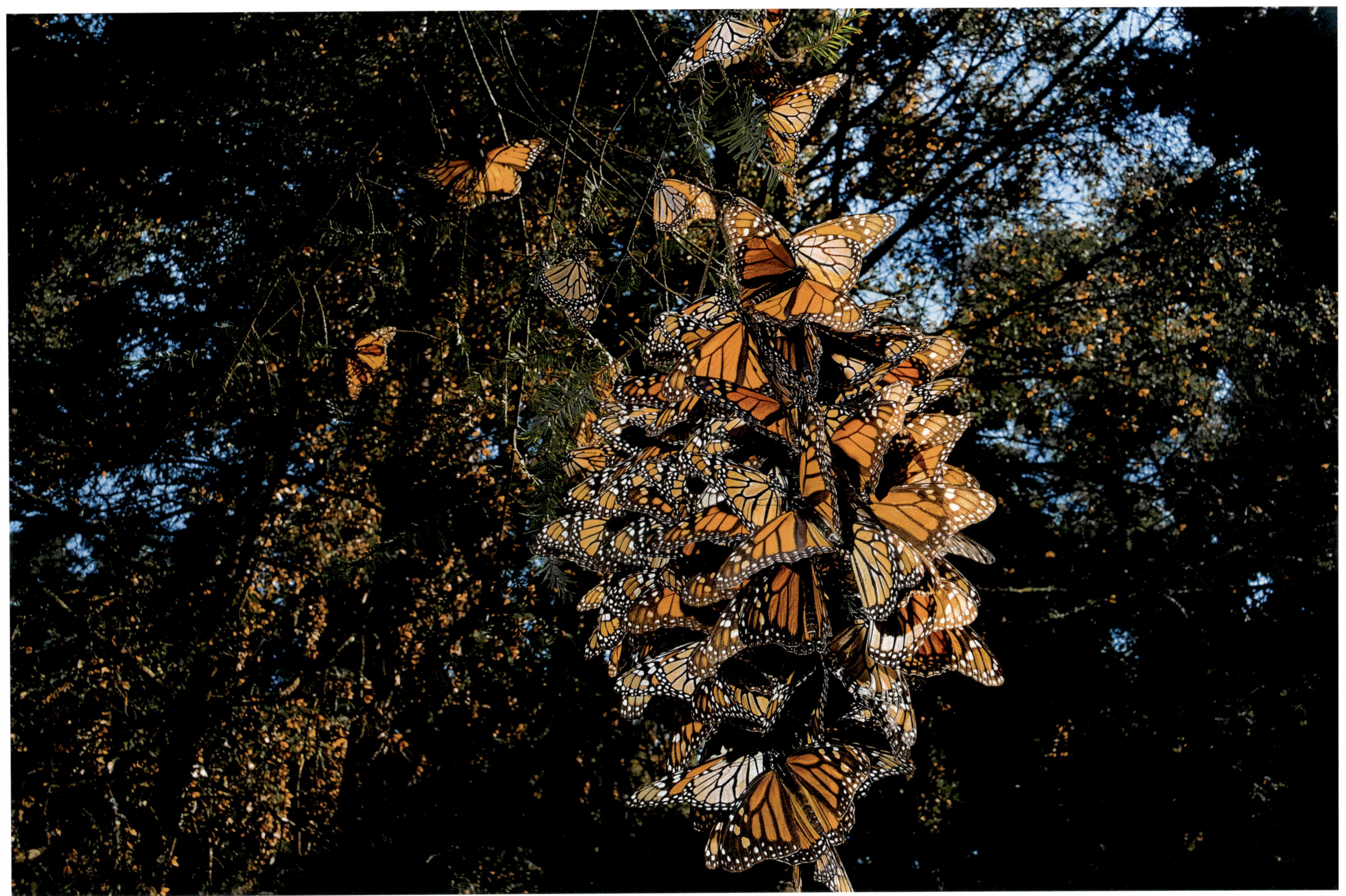

Bence Máté
Spider Web, 2021
Parc national de Kiskunság, Hongrie – Kiskunság National Park, Hungary

❝ Les castors ont disparu dans presque toutes les régions d'Europe en raison de l'activité humaine. Mais grâce aux mesures de protection de l'espèce et de son habitat, nous assistons depuis le début du XXIᵉ siècle à une expansion spectaculaire des castors, faisant partie des rares animaux à avoir pu reprendre possession de leurs territoires indigènes. Cependant, le caractère unique de la photographie réside davantage dans la présence de la toile d'araignée, que la réapparition du plus grand rongeur européen rend bien éphémère.

❝ *Beavers have disappeared in almost all parts of Europe due to human activity. But, since the beginning of the 21ˢᵗ century, we have seen a spectacular expansion of beavers, which are among the few animals to have been able to regain their native territories, thanks to measures to protect the species and its habitat. However, this photograph's uniqueness lies more in the presence of the spiderweb, which is made most ephemeral by the largest European rodent's reappearance.*

200-400 mm f/4 Lens - 1/500 sec at f/4 ISO 4000

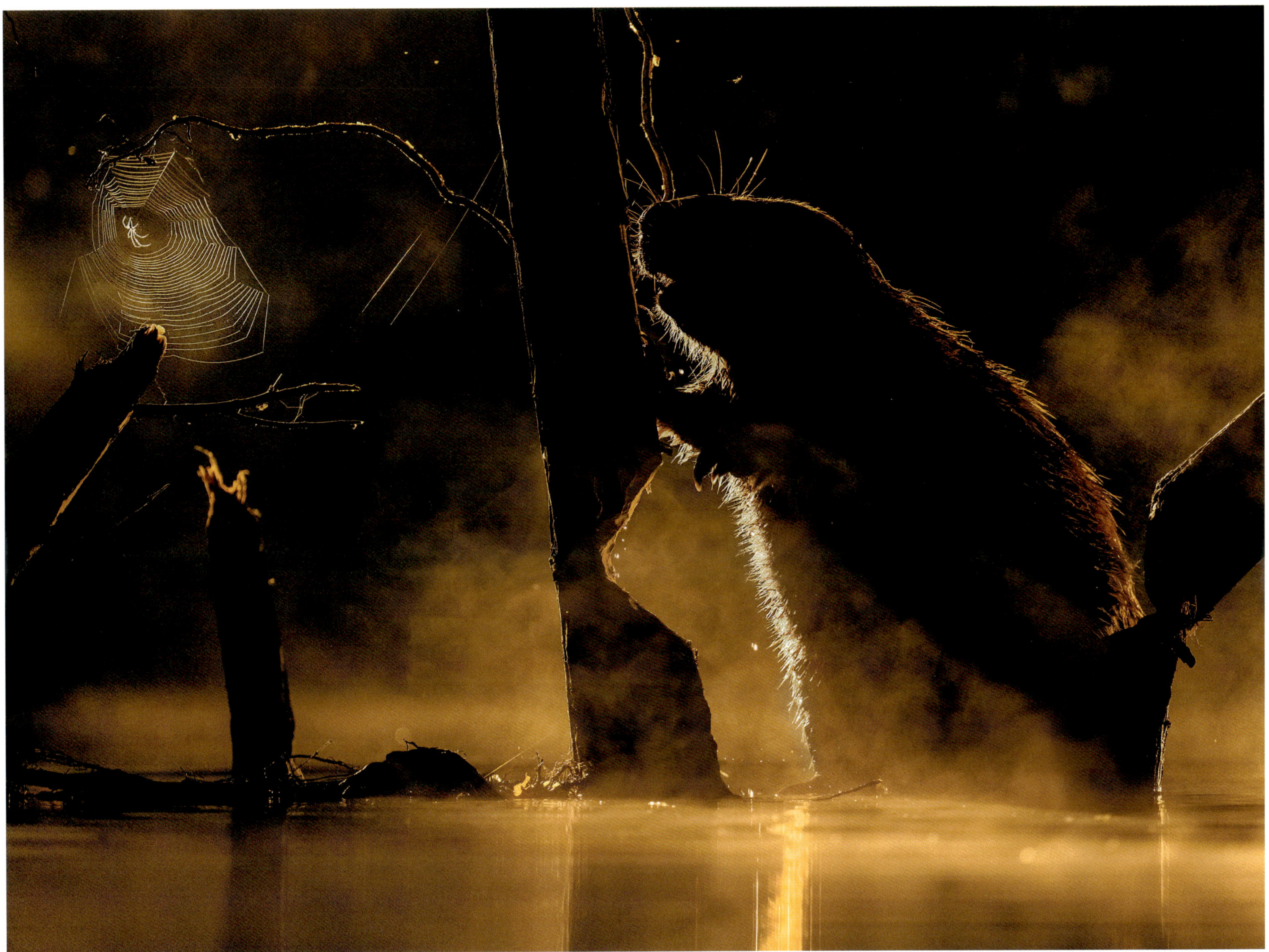

MERVEILLES POLAIRES

POLAR WONDERS

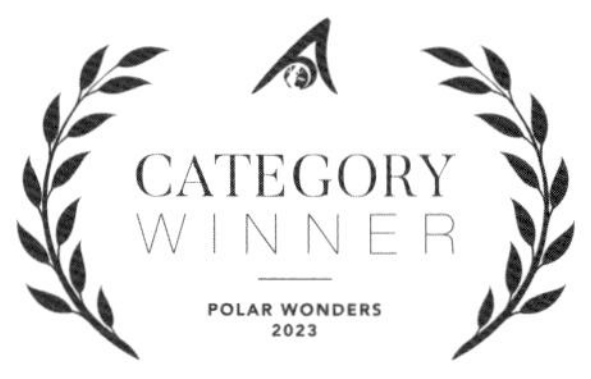

Franco Banfi

Tiny Umbrella, 2018
Tasiilaq, Groenland oriental – Tasiilaq, East Greenland

66 Une minuscule hydroméduse benthique *(Ptychogastria polaris)*, avec une cloche de moins d'un centimètre, ressemble à une œuvre d'art. C'est l'un des nombreux organismes gélatineux composant les 1 000 espèces d'hydroméduses et de méduses scyphozoaires connues ; d'autres restant probablement à découvrir, en particulier dans les eaux profondes ou polaires. Bien qu'elles se développent à moins deux degrés Celsius, dans l'eau salée des océans, elles n'ont pas le temps de geler. Elles flottent sous une épaisse couche de glace et attrapent de petits phytoplanctons et autres nutriments à l'aide de cellules urticantes spécifiques, appelées nématocystes. Sous la froide couche de glace qui se forme sur la mer chaque hiver, la vie continue dans l'océan. Il est difficile d'observer ce minuscule joyau dans la colonne d'eau, car il passe inaperçu en raison de sa petite taille. Il est plus facile de les voir et de les repérer lorsqu'elles reposent directement sur le fond marin ou qu'elles planent à quelques centimètres au-dessus.

66 *A tiny benthic hydromedusa (Ptychogastria polaris) with a bell size of less than one centimetre is a piece of art. It is one of the many gelatinous representatives of the 1 000 species of hydro- and scypho-medusae, probably with more to be discovered, especially in deep or polar waters. Even though they develop at -2°C in salty ocean water, they do not have time to freeze. They float under a thick layer of ice and catch small phytoplankton and other nutrients with specialized stinging cells called nematocysts. Under the cold blanket of ice that forms on the sea every winter, life in the ocean goes on. Observing this tiny gem in the water column is difficult because it goes unnoticed, due to its small size. They are easier to sight and to report when they sit directly on the seafloor or hover a few centimetres above it.*

8-15 mm f/4 Lens - 1/100 sec at f/16 ISO 800

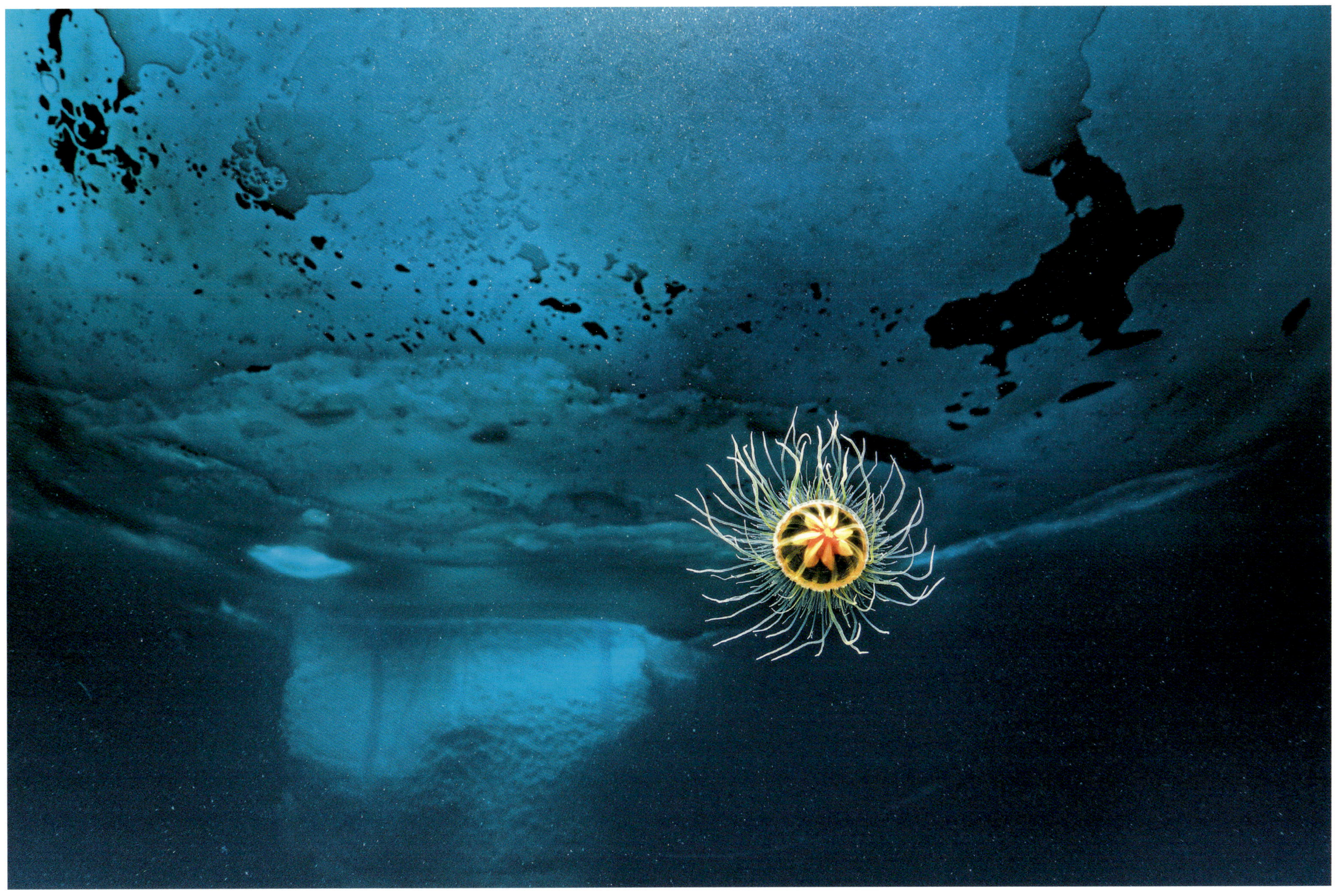

Knut M. Selmer
The Polar Fox in the Artic Winter, 2020
Svalbard, Norvège – Svalbard, Norway

66 Le renard arctique, parfois appelé renard polaire, se trouve communément au Spitzberg, bien qu'il ait été chassé pendant plus de deux siècles. Cette photo a été prise un jour de printemps alors qu'un blizzard glacial soufflait. Pour chercher sa nourriture en toutes saisons, le renard doit se confronter aux conditions extrêmes de l'Arctique. Mais son petit gabarit – il est plus petit que le renard roux – et son épaisse fourrure, aussi isolante que celle de l'ours, lui permettent de résister au grand froid polaire.

66 *The Arctic fox, sometimes called the polar fox, is commonly found in Spitsbergen, although it has been hunted for over two centuries. This picture was taken on a spring day when a freezing blizzard was blowing. In order to find food in all seasons, the fox has to cope with the Arctic's extreme conditions. But its small size - it is smaller than the red fox - and its thick fur, which is as insulating as a bear's, enable it to withstand the extreme Arctic cold.*

MENTION DU JURY / JURY'S DISTINCTION

---

500 mm f/4 Lens - 1/4000 sec at f/5 ISO 400

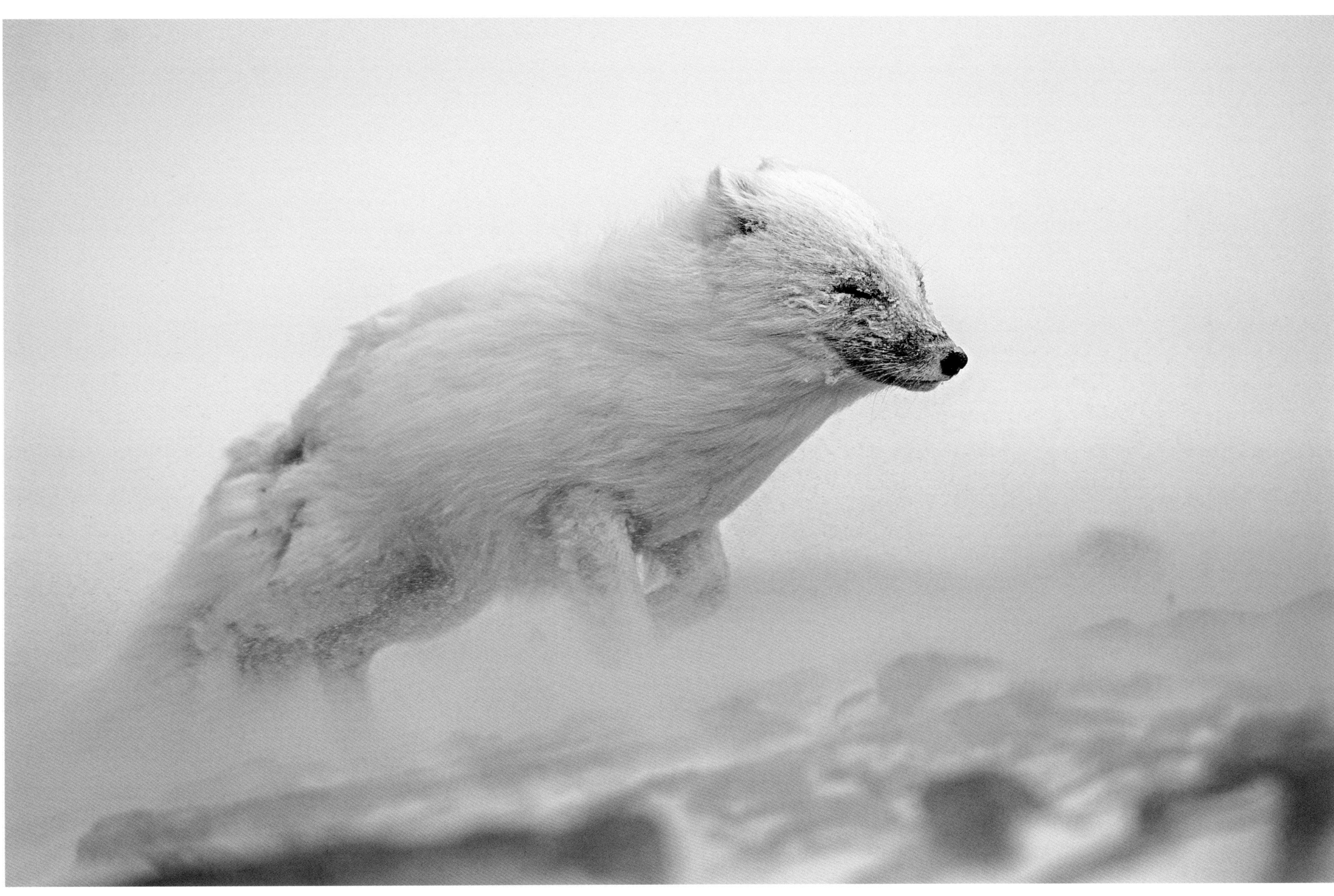

Dustin Patar
Out for a Run, 2022
Iqaluit, Nunavut, Canada – Iqaluit, Nunavut, Canada

66 Un attelage de chiens traverse des mares d'eau formées par la fonte de la
banquise lors d'une course nocturne aux abords d'Iqaluit, au Canada, en juin 2022.
Généralement, de fin décembre à juin, une grande partie de l'eau de la baie de
Frobisher, un important bras de mer situé à l'extrémité sud de l'île de Baffin, est
gelée. À mesure que les températures augmentent, la neige qui recouvre la glace
fond, créant de grandes mares qui révèlent la couche bleu turquoise se trouvant en
dessous. Pour ceux qui se déplacent encore sur la glace à cette époque de l'année,
les températures chaudes et la lumière du jour quasi permanente vont de pair avec
une vigilance accrue à l'égard des taches sombres indiquant des couches de glace
trop minces, de grandes fissures ou même des trous d'eau. Si celles-ci sont faciles
à observer depuis le ciel à l'aide d'un drone, il peut être difficile de les voir depuis
une motoneige roulant à vive allure ou depuis un *qamutiik* (traîneau traditionnel
inuit) tiré par un attelage de chiens.

66 *A dog team races through pools of water that have formed on top of melting
sea ice during an evening run outside of Iqaluit, Nunavut, Canada, in June 2022.
Typically, from late December until June, much of the water in Frobisher Bay—a
major inlet on the southern tip of Baffin Island—is frozen. As the temperatures
increase, the snow covering the ice melts, creating large pools of water that reveal
the turquoise-blue ice beneath it. For those who still use the ice at this time of
year, taking advantage of warm temperatures and nearly midnight sun means
keeping an eye out for dark patches that indicate thin ice, large cracks or even open
water. While these dark patches are easily seen from above with a drone, it can be
challenging to see them from a fast-moving snowmobile or* qamutiik *(traditional
Inuit sled) pulled by a dog team.*

24 mm f/2.8 Lens - 1/80 sec at f/3.5 ISO 100

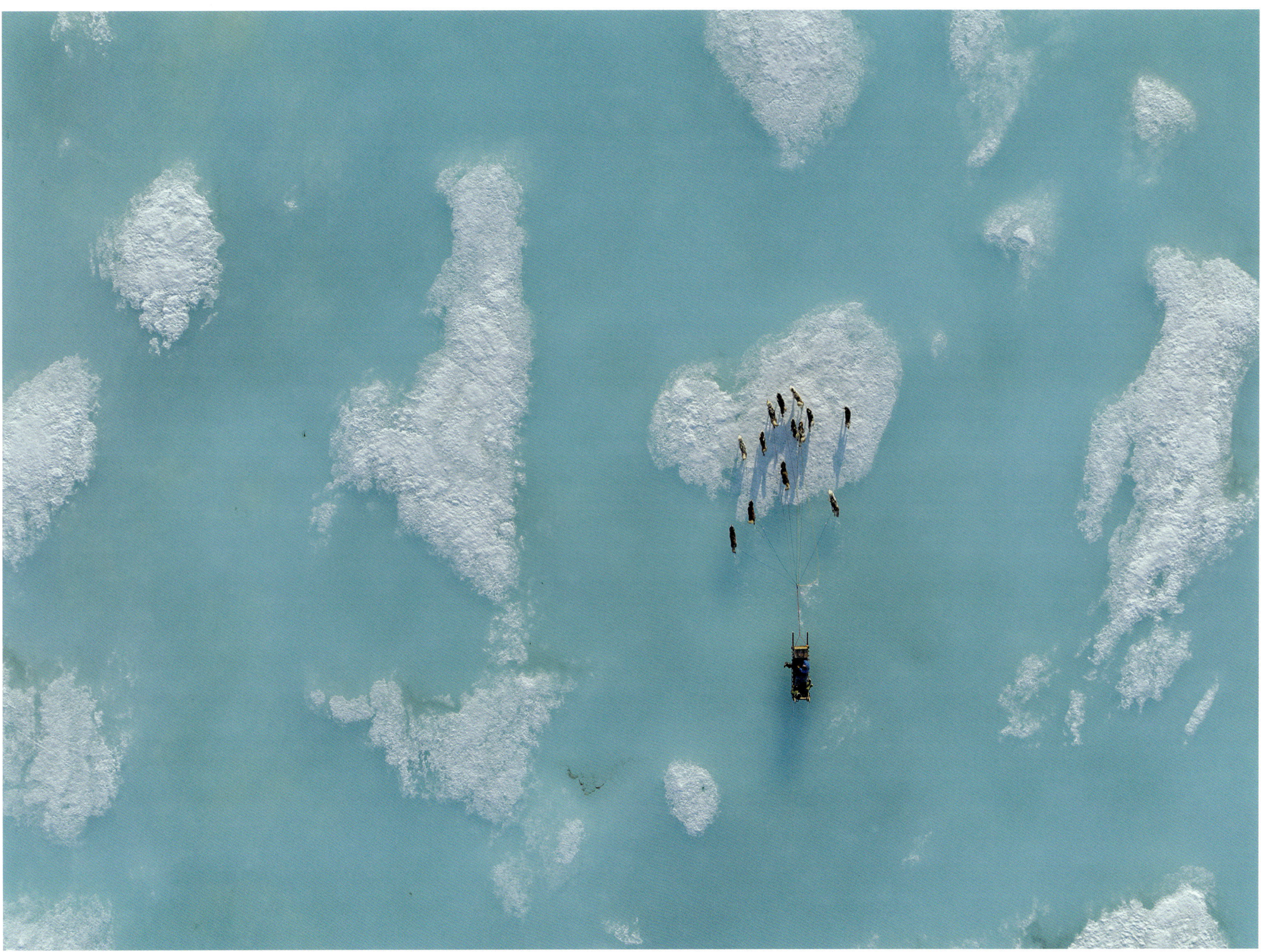

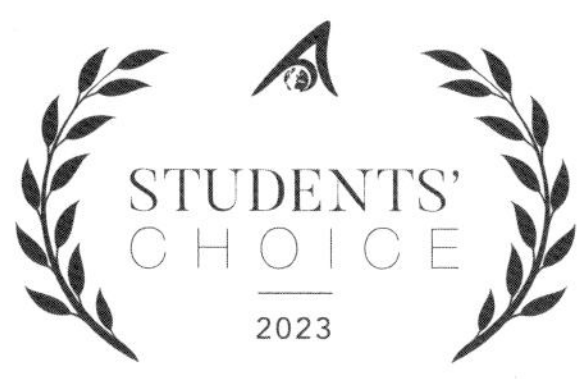

David Feuerhelm

Baby it's Cold Out There!, 2019
Glacier Mýrdalsjökull, Islande – Mýrdalsjökull glacier, Iceland

" Le glacier Mýrdalsjökull est la quatrième plus grande calotte glaciaire d'Islande. Il couvre une superficie impressionnante de 600 kilomètres carrés et cache le volcan Katla dans ses profondeurs. Il est situé dans la partie sud des hautes terres islandaises. Ce que j'aime avec les grottes de glace, c'est qu'elles sont éphémères. Les grottes se forment naturellement lorsque l'eau fond pendant l'été, creusant de longs tunnels sous d'épaisses couches de glace. Les glaciers étant toujours en mouvement, chaque grotte de glace varie constamment dans sa structure, ses formes, sa taille. Une grotte peut être tantôt accessible, tantôt inaccessible ou ne plus exister. Une photo prise à un moment donné ne pourra jamais être répétée.

" *The Mýrdalsjökull glacier is the fourth largest ice cap in Iceland. It covers an impressive 600 square kilometres and hides the Katla volcano in its depths. It is located in the southern part of the Icelandic highlands. What I like about ice caves is that they are transitory. The caves form naturally when the water melts during the summer, digging long tunnels under thick layers of ice. Because glaciers are always in motion, each ice cave is constantly changing in structure, shape and size. A cave may be accessible, inaccessible or no longer exist. An image you capture one year can never be repeated.*

16-35 mm f/4 Lens - 1/800 sec at f/14 ISO 400

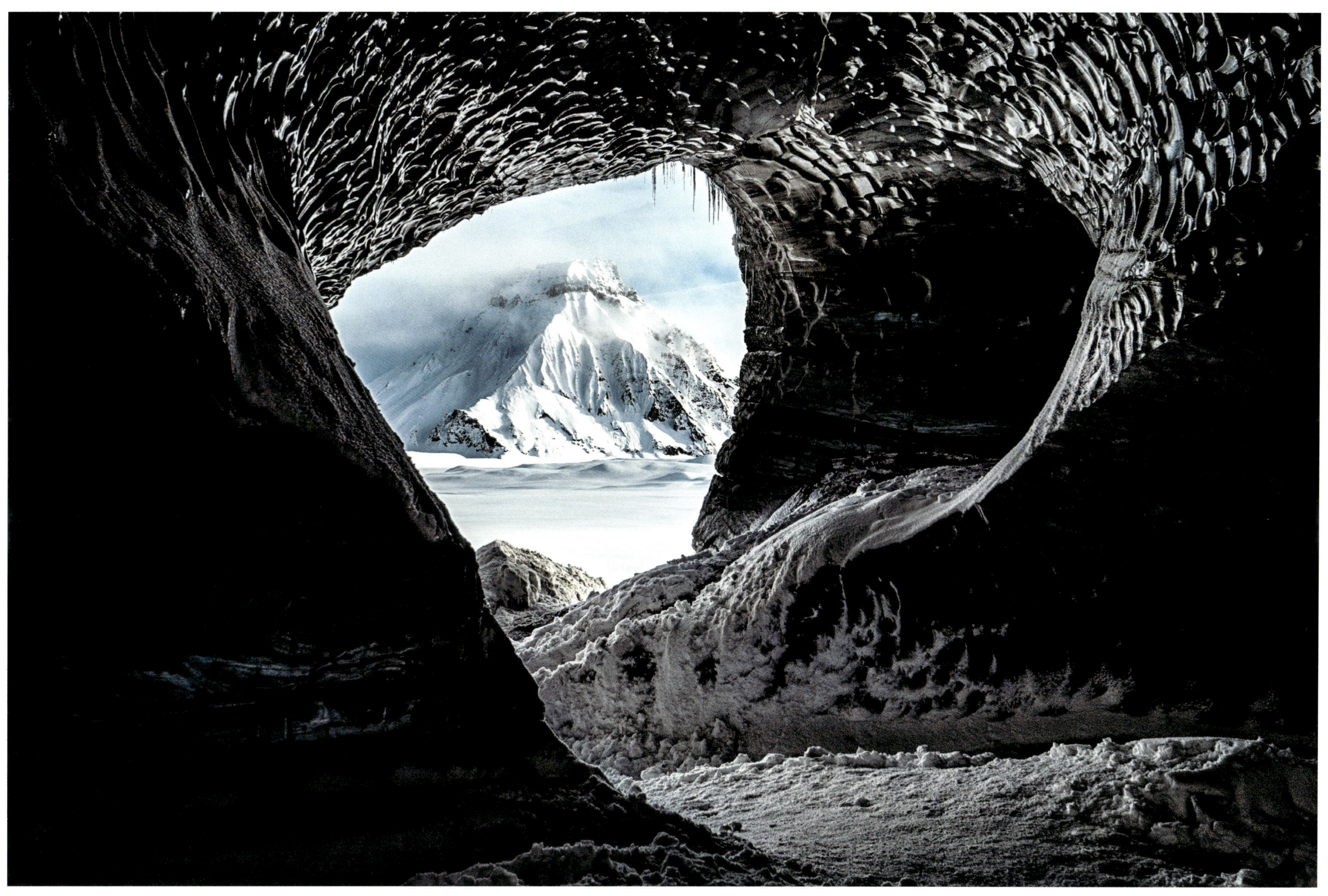

Stéphane Pinaud
Back from Migration, 2022
Île de Cuverville, péninsule Antarctique – Cuverville Island, Antarctic Peninsula

66 Un mètre de neige nous accueille pour le débarquement sur l'île de Cavelier de Cuverville dans la péninsule Antarctique. Premier passage obligé pour aller observer la colonie de manchots papous qui occupe les lieux, traverser « l'autoroute » que ceux-ci empruntent pour rallier l'océan et les lieux de nidification. Les trous formés par nos bottes sont à reboucher pour éviter qu'ils ne se transforment en piège pour les manchots. Avec le réchauffement climatique, en ce début novembre, les chutes de neige sont de plus en plus importantes. La couche de neige perturbe la construction des nids à base de cailloux glanés sur le sol. En milieu de matinée, l'activité de la colonie s'intensifie avec les retours de migrations de nombreux manchots papous qui empruntent « l'autoroute » dans une file presque continue et plus ou moins ordonnée.

66 *A metre of snow welcomes us for the landing on Cuverville Island in the Antarctic Peninsula. The first thing we had to do to observe the colony of gentoo penguins that occupies the island was to cross the "highway" that the penguins use to reach the ocean and their nesting grounds. The holes formed by our boots must be filled in to prevent them from becoming traps for the penguins. With global warming, snowfall is increasing in early November. The layer of snow disrupts the building of their nests, which are made of pebbles gleaned from the ground. Mid-morning, the colony's activity intensifies with many penguins returning from migrations taking the "highway" in an almost continuous and more or less orderly line.*

100-400 mm f/4.5-5.6 Lens - 1/2500 sec at f/9 ISO 2000

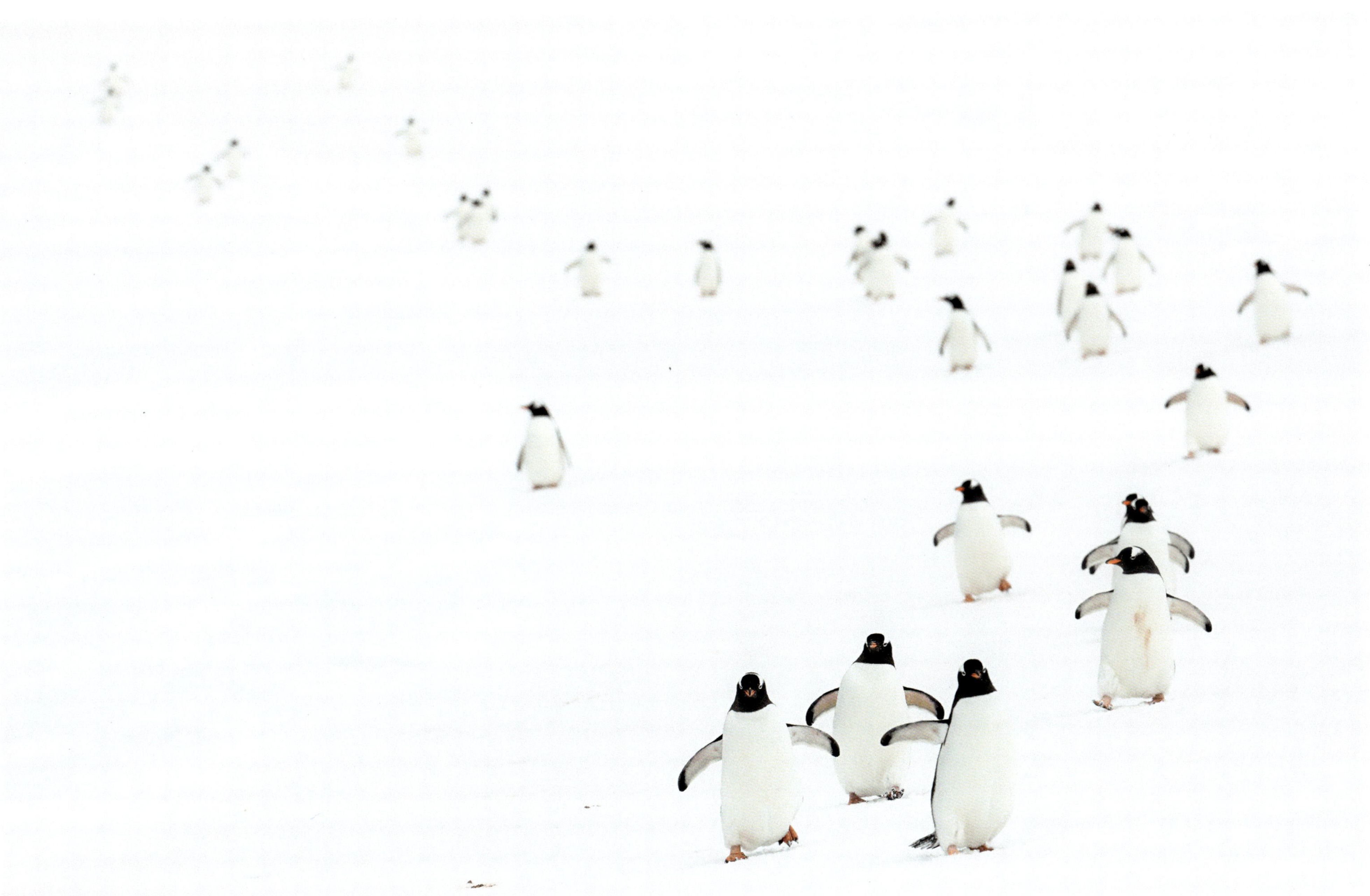

Audun Lie Dahl
Arctic Angels, 2019
Svalbard, Norvège – Svalbard, Norway

66 Les bélugas sont réputés pour leurs tendances grégaires. En hiver, ils chassent en groupe près de la banquise, ce qui censé les protéger des orques mais qui les met à la merci de leur autre principal prédateur, l'ours polaire. Le travail d'équipe est donc impératif pour leur survie. J'ai toujours été fasciné par ces magnifiques baleines blanches. Cette scène, vue du ciel, illustre la coordination de ce groupe de chasse opérant entre les banquises des fjords de Hornsund, au cœur du parc national du Sud-Spitzberg, le plus grand des parcs nationaux du Svalbard et du royaume de Norvège.

66 *Belugas are known for their gregarious tendencies. In winter, they tend to hunt in groups near the ice pack, which is supposed to protect them from orcas, but which puts them at the mercy of their other main predator, the polar bear. Teamwork is therefore imperative for their survival. I have always been fascinated by these magnificent whales. This photo taken from above illustrates the coordination of this opportunistic pod hunting between the ice floes of the Hornsund fjords, in the heart of the South Spitsbergen National Park, the largest of the national parks in Svalbard and the Kingdom of Norway.*

28 mm f/2.8 Lens - 1/80 sec at f/7.1 ISO 100

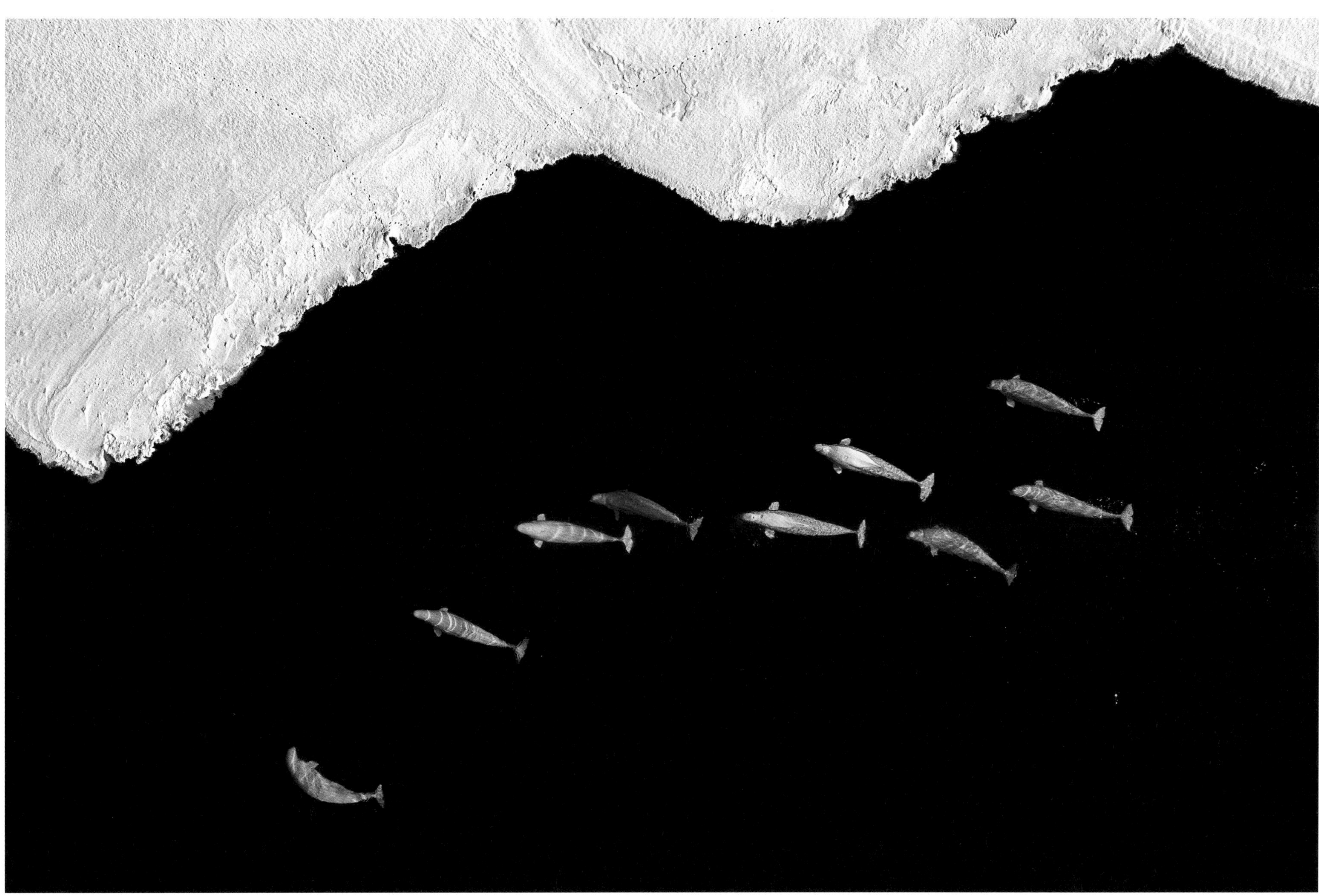

Crédits photographiques / *Photographic credits*

• Crédit de la couverture / *Cover copyright*
© Knut M. Selmer – *The Polar Fox in the Artic Winter*, 2020

• Photographes / *Photographers*

Suliman Alatiqi : p. 63, p. 65
Maxime Aliaga : p. 37
Sirachai Arunrugstichai : p. 35, p. 69
Franco Banfi : p. 61, p. 67, p. 91
Soumya Ranjan Bhattacharyya : p. 77, p. 83
Simon Biddie : p. 59
Bart Breet : p. 18
Pratik Chorge : p. 27
Şebnem Coşkun : p. 31
Audun Lie Dahl : p. 101
Jasper Doest : p.21

Julien Faure : p. 85
David Feuerhelm : p. 97
Clément Fontaine : p. 79
Cat Garcia for Vanity Fair : p. 16 (gauche)
Rebecca Hale : p. 16 (droite)
Morgan Heim : p. 55
Özge Elif Kızıl : p. 29
Michele Lapini/Getty Images : p. 33
Bence Máté : p. 87
Kallol Mukherjee : p. 75
Giacomo d'Orlando : p. 25, p. 51

Agorastos Papatsanis : p. 81
Stéphane Pinaud : p. 99
Dustin Patar : p. 95
Azim Khan Ronnie : p. 49
Knut M. Selmer : p. 93
Tom Shlesinger : p. 47, p. 71
Simone Tramonte : p. 53
Tommy Trenchard : p. 45
Marcus Westberg : p. 39, p. 43

Les textes accompagnant les photographies ont été fournis par les photographes et
rédigés sous la direction de la Fondation Prince Albert II de Monaco.
*The texts accompanying the photographs were provided by the photographers and
written under the direction of the Prince Albert II of Monaco Foundation.*

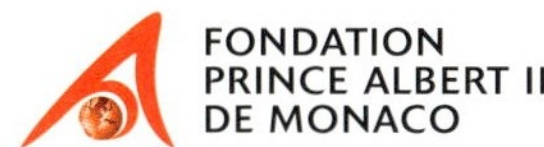

FONDATION PRINCE ALBERT II DE MONACO

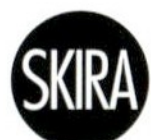

SKIRA

Fondation Prince Albert II de Monaco
Villa Girasole, 16 boulevard de Suisse, 98000 Monaco
www.fpa2.org

Éditions Skira Paris
14 rue Serpente, 75006 Paris
www.skira.net

Directeur de la publication / *Publication Director*
Olivier Wenden
Vice-Président et Administrateur délégué
Vice President & CEO

Responsable des éditions / *Senior Editor*
Nathalie Prat-Couadau

Coordination éditoriale / *Editorial Coordination*
Nadège Massé
Directrice de la Communication
Communications Director

Céline Vacquier-Bekkari
Chargée de Communication, Médiation et Sensibilisation
Communications Officer - Mediation and Awareness

Responsable du projet et de la coordination éditoriale
Project Manager and Editorial Coordinator
Juliette Chambon

Chargée des projets éditoriaux et commerciaux
Editorial and Commercial Projects Manager
Meryl Mason

Conception graphique / *Graphic Design*
Aurély Antzemberger

Assistante éditoriale / *Editorial Assistant*
Roxanne Rebours

Relecture et corrections / *Copy-Editing*
Français / French : Marine Guyé
Anglais / English : Matilda Holloway

Photogravure / *Color Separation*
Litho Art New, Turin

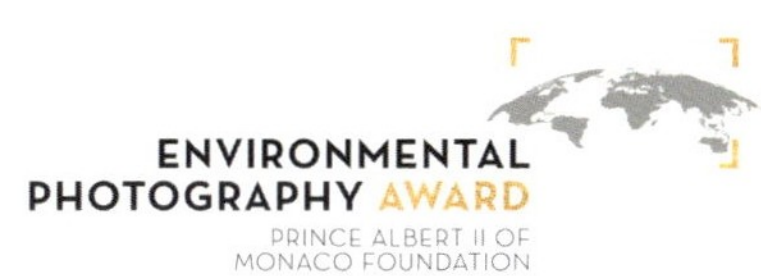

ENVIRONMENTAL PHOTOGRAPHY AWARD
PRINCE ALBERT II OF MONACO FOUNDATION

Comité honoraire du Prix de Photographie Environnementale
Honorary Committee of the Environmental Photography Award
Laurent Ballesta
Daisy Gilardini
Fredrick Dharshie Wissah

Achevé d'imprimer sur les presses de Graphius, à Gand en Belgique / *Printed by Graphius, Ghent, Belgium*
N° ISBN : 978-2-37074-212-4
Dépôt légal / *Legal Deposit* : Mai / *May* 2023

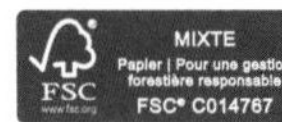

Cet ouvrage a été imprimé sur un papier certifié FSC et toutes les étapes de sa fabrication ont respecté cette certification qui encourage une gestion écologiquement adaptée, socialement bénéfique et économiquement viable des forêts de la planète, à travers des matériaux issus de forêts bien gérées, de matériaux recyclés et de matériaux issus d'autres sources contrôlées. www.fsc.org

This book was printed on FSC-certified paper and all stages of its production were carried out in accordance with this certification, which promotes the environmentally sound, socially beneficial and economically viable management of the world's forests through the use of materials from well-managed forests, recycled materials and materials from other controlled sources. www.fsc.org